LUÍS CLÁUDIO DALLIER SALDANHA

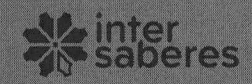

inter saberes

SÉRIE LÍNGUA PORTUGUESA EM FOCO

Fala, oralidade e práticas sociais

2ª edição

inter saberes

Rua Clara Vendramin, 58 ♦ Mossunguê ♦ CEP 81200-170 ♦ Curitiba ♦ PR ♦ Brasil
Fone: (41) 2106-4170 ♦ www.intersaberes.com ♦ editora@intersaberes.com

Dr. Alexandre Coutinho Pagliarini; Drª Elena Godoy; Dr. Neri dos Santos e Mª Maria Lúcia Prado Sabatella ♦ conselho editorial

Lindsay Azambuja ♦ editora-chefe

Ariadne Nunes Wenger ♦ gerente editorial

Daniela Viroli Pereira Pinto ♦ assistente editorial

Monique Francis Fagundes Gonçalves ♦ edição de texto

Luana Machado Amaro ♦ design de capa

ArtKio e marekuliasz/Shutterstock ♦ imagens de capa

Raphael Bernadelli ♦ projeto gráfico

Regina Claudia Cruz Prestes ♦ iconografia

Dados Internacionais de Catalogação na Publicação (CIP)
(Câmara Brasileira do Livro, SP, Brasil)

Saldanha, Luís Cláudio Dallier
  Fala, oralidade e práticas sociais / Luís Cláudio Dallier Saldanha. -- 2. ed. -- Curitiba : InterSaberes, 2023. -- (Série língua portuguesa em foco)

  Bibliografia.
  ISBN 978-85-227-0750-8

  1. Comunicação escrita 2. Comunicação oral 3. Linguística I. Título. II. Série.

23-164083   CDD-410

Índices para catálogo sistemático:
1. Linguística   410
    Cibele Maria Dias – Bibliotecária – CRB-8/9427

1ª edição, 2016.
2ª edição, 2023.

Foi feito o depósito legal.

Informamos que é de inteira responsabilidade do autor a emissão de conceitos.

Nenhuma parte desta publicação poderá ser reproduzida por qualquer meio ou forma sem a prévia autorização da Editora InterSaberes.

A violação dos direitos autorais é crime estabelecido na Lei n. 9.610/1998 e punido pelo art. 184 do Código Penal.

sumário

apresentação, vii

organização didático-pedagógica, x

      um Linguagem humana e fala: origens e conceitos, 13
    dois Oralidade em questão, 41
     três Fala, escrita e elementos do texto oral, 77
  quatro Gêneros orais e práticas sociais, 107
   cinco Oralidade na escola, 139
     seis Fala e variações linguísticas, 173

considerações finais, 195

bibliografia comentada, 201

referências, 205

respostas, 213

sobre o autor, 219

{

apresentação

⁌ UM LIVRO PODE dizer muita coisa, e quase sempre o faz por meio da palavra escrita ou, ainda, com o recurso da linguagem visual.

Neste livro, não é muito diferente. No entanto, o assunto que aqui apresentamos sugere o reconhecimento de ausências importantes quanto ao suporte material usado para nosso texto: a falta que fazem o som, a voz, a expressão fisionômica, o gesto das mãos, o movimento do corpo.

Abordar o tema *oralidade* em um meio privilegiado da cultura letrada – o livro – e tratar da importância da fala usando a escrita não deixa de ser irônico e instigante. É um desafio para quem escreve, querendo ser ouvido, e para quem lê, imaginando que, de certo modo, ouve o outro, mesmo sem conhecer seu jeito de falar e sem visualizar a expressividade de seu gestual.

Não pense, contudo, que estamos irremediavelmente perdidos.

Este livro tem a pretensão de ser uma conversa sobre a oralidade e a manifestação da fala, ainda que use os recursos oferecidos pela escrita. Buscamos construir um texto mais dialógico, didático, mesmo abrindo espaço para abordagens teóricas e aprofundando temas dos estudos linguísticos e culturais voltados para a oralidade.

Além disso, indicamos *sites* com conteúdos diretamente relacionados à oralidade, os quais registram, em áudios, vídeos e textos, muito do que é tratado aqui.

Valendo-se, então, desses recursos, este livro é um convite para conhecer o mundo da linguagem oral, que pertence tanto às culturas da oralidade quanto às sociedades letradas em que a escrita convive com a fala.

Estudaremos a fala como uma prática social, em situações de comunicação e interação relacionadas com o contexto do mundo do trabalho, da escola, da família e do cotidiano.

No primeiro capítulo, você terá oportunidade de conhecer algumas explicações sobre a origem da linguagem humana e da fala, além de estudar outras questões a respeito da linguagem, como suas concepções e a relação com a história da civilização humana.

O segundo capítulo apresentará um panorama sobre os estudos da oralidade e aprofundará a análise das culturas orais ao abordar a forma como as sociedades orais lidavam com a memória, o tempo, a religiosidade e o conhecimento.

No terceiro capítulo, destacaremos os estudos linguísticos sobre a fala, trabalhando sua relação com a escrita e identificando as propriedades do texto falado com base em seus elementos linguísticos e extralinguísticos.

O quarto capítulo avançará nos estudos sobre o texto falado e se deterá nos gêneros textuais orais, explorando características, tipologia e implicações nas práticas sociais, com atenção especial à análise da conversação.

O quinto capítulo retomará os gêneros orais, a fim de examinar suas possibilidades no ensino-aprendizado da língua portuguesa. Também desenvolverá alguns aspectos da fala do professor e do aluno, além de tratar dos desafios da relação entre oralidade e escola.

No sexto e último capítulo, as variações linguísticas estarão no centro da discussão sobre o uso da língua oral na sociedade e, principalmente, no ambiente escolar, com destaque para o tema *preconceito linguístico*.

Conhecendo um pouco de nosso roteiro, reforçamos o convite para que você faça parte dessa conversa, mediada pela escrita, sobre a oralidade e a manifestação da fala.

organização didático-pedagógica

Esta seção tem a finalidade de apresentar os recursos de aprendizagem utilizados no decorrer da obra, de modo a evidenciar os aspectos didático-pedagógicos que nortearam o planejamento do material e como o aluno/leitor pode tirar o melhor proveito dos conteúdos para seu aprendizado.

Introdução do capítulo
Logo na abertura do capítulo, você é informado a respeito dos conteúdos que nele serão abordados, bem como dos objetivos que o autor pretende alcançar.

Indicações culturais
Ao longo do capítulo, o autor oferece algumas indicações de livros, filmes ou sites que podem ajudá-lo a refletir sobre os conteúdos estudados e permitir o aprofundamento em seu processo de aprendizagem.

que o texto, exibido na tela e processado nos meios digitais, assuma "formas que, não sendo fixas, oportunizariam novas velocidades e estratégias no tratamento de seu material" (Saldanha, 2006), tornando suas fronteiras não tão visíveis e dando ao leitor a oportunidade "de embaralhar, entrecruzar e reunir textos no meio digital" (Saldanha, 2006).

Resumidamente, essas seriam as principais características das três fases que marcam a relação com o conhecimento na história da civilização humana.

No próximo capítulo, vamos tratar da oralidade e trabalhar os aspectos definidores da cultura da oralidade, além de examinar mais atentamente o modo como as sociedades orais lidavam com a memória, o tempo, a religiosidade e o conhecimento.

Síntese

Vimos, neste primeiro capítulo, que a linguagem verbal é um aspecto singular da humanidade e de nossa constituição social, permitindo identificar o ser humano como um "ser que fala".

Embora não seja possível precisar quando e como o ser humano começou a falar, há teorias que atribuem aos gestos expressivos a origem da fala. Outras explicações propõem uma origem vocal para a fala, que teria surgido a partir de gritos ou sons emitidos por nossos ancestrais ao imitarem sons da natureza ou expressarem determinadas sensações. De qualquer modo, não é despropositado pensar que, há milhões ou milhares de anos, a fala surgiu a partir de um processo gradual no qual os sons e

SÍNTESE

Você conta nesta seção com um recurso que lhe instiga a fazer uma reflexão sobre os conteúdos estudados, de modo a contribuir para que as conclusões a que você chegou sejam reafirmadas ou redefinidas.

---

os gestos se combinaram para permitir uma melhor expressão e comunicação.

Também estudamos algumas concepções de linguagem, o que nos permite concluir que a fala é uma experiência de interação, além de servir como expressão de nosso pensamento e instrumento de comunicação.

Por último, vimos que a história da civilização humana pode ser dividida em três fases, tendo em vista a importância da linguagem: da oralidade, da escrita e da cibercultura ou cultura digital.

Atividades de autoavaliação

1. De acordo com a concepção ou abordagem sociointeracionista da linguagem, a fala corresponde:
   a. uma prática social e a uma forma de interação.
   b. apenas a uma representação da realidade, não comportando elementos relacionados com a intenção de quem fala ou escreve.
   c. uma prática linguística centrada no código e limitada a aspectos comunicacionais.
   d. a um ato de fala monológico.

2. Ao dividirmos a história da civilização humana em três fases, podemos afirmar que a fase da oralidade é caracterizada por:
   a. predominância do gestual na comunicação e ausência de transmissão de conhecimento.
   b. transmissão do conhecimento por meio de narrativas orais e concepção cíclica do tempo.

ATIVIDADES DE AUTOAVALIAÇÃO

Com estas questões objetivas, você tem a oportunidade de verificar o grau de assimilação dos conceitos examinados, motivando-se a progredir em seus estudos e a se preparar para outras atividades avaliativas.

ATIVIDADES DE APRENDIZAGEM
Aqui você dispõe de questões cujo objetivo é levá-lo a analisar criticamente determinado assunto e aproximar conhecimentos teóricos e práticos.

BIBLIOGRAFIA COMENTADA
Nesta seção, você encontra comentários acerca de algumas obras de referência para o estudo dos temas examinados.

um Linguagem humana e fala: origens e conceitos

Oralidade em questão
Fala, escrita e elementos do texto oral
Gêneros orais e práticas sociais
Oralidade na escola
Fala e variações linguísticas

❰ VOCÊ JÁ IMAGINOU um mundo em que os seres humanos não fossem capazes de pronunciar sons articulados ou uma sociedade em que as pessoas não falassem?

Para muitos cientistas e estudiosos da linguagem, houve um período, há milhões de anos, no qual nossos ancestrais não dispunham da palavra falada. Gestos e sons parecidos com grunhidos caracterizavam a expressão ou comunicação entre eles.

Isso nos remete a uma das sequências iniciais do filme *2001: Uma odisseia no espaço*, de Stanley Kubrick. Nas cenas que retratam poeticamente o "amanhecer da humanidade", dois grupos de primatas, em conflito por uma fonte de água, manifestam sua animosidade e tensão por meio de sons parecidos com gritos e gestos intensos.

Mediante a lembrança dessas imagens, algumas questões podem ser suscitadas. Teríamos nós, seres humanos, conhecido o gesto antes da fala? Ou os sons sem sentido e não articulados deram origem à palavra, à língua falada? Podemos considerar como humanos nossos ancestrais que ainda não dispunham da linguagem verbal?

Essas questões, suscitadas pelo filme de algum modo, remetem-nos à temática deste capítulo, que apresentará reflexões sobre o papel da fala na definição do ser humano e sobre a origem da linguagem, além de desenvolver outras questões sobre a linguagem, como suas concepções e sua relação com a história da civilização humana.

umpontoum
Somos seres que falam

É possível que você já tenha lido em algum lugar ou ouvido dizer que a linguagem humana nos distingue dos demais seres vivos. A linguagem seria nossa marca, com sua complexidade e suas possibilidades.

Usamos diversos sinais ou linguagens para comunicar e interagir. Mediante o emprego de cores, formas ou linhas, expressamo-nos e comunicamo-nos por meio da pintura, dos desenhos e de outras artes visuais. Usando gestos e movimentos do corpo ou trabalhando a expressão fisionômica, podemos transmitir sentimentos, ideias e nos relacionar com o outro. Com a música, também expressamos emoções e comunicamos sentimentos. Esses são alguns exemplos de linguagens não verbais utilizadas por nós.

Há também a linguagem verbal, correspondente à língua, que se vale fundamentalmente da palavra falada ou escrita. Ao escrevermos um poema, redigirmos uma carta ou pronunciarmos um discurso, usamos a palavra – ou língua – como meio privilegiado de expressão, comunicação e interação com os outros.

Para distinguirmos linguagem verbal de não verbal, precisamos lembrar que a comunicação pode ocorrer por meio dos dois tipos de linguagem. Assim, "ao falarmos com alguém ou discursarmos para determinado público, vamos tanto fazer uso da linguagem verbal (a fala) como também da linguagem não verbal (nosso gestual, postura corporal, tom da voz etc.)" (Saldanha, 2010, p. 154).

Poderíamos, então, perguntar: "Que outro ser tem gestos significativos, pinta, fotografa, faz cinema?". Nossa resposta deve apontar para o fato "de que o homem e a linguagem se relacionam de forma a não se conceberem um sem o outro e que a linguagem está indissoluvelmente associada com a atividade mental humana, a qual, absolutamente, não se manifesta só pelo verbal" (Palomo, 2001, p. 11).

É a linguagem verbal, entretanto, que evidencia mais fortemente, desde muito tempo, a distinção e a sofisticação na comunicação e na interação entre os seres pertencentes à espécie humana. Se você estiver convencido disso, pare para pensar naquilo que mais define o ser humano em relação à linguagem verbal. Seria a escrita ou a fala?

O linguista e professor Luiz Antônio Marcuschi nos ajuda nessa resposta ao afirmar que "seria possível definir o homem como um *ser que fala*, mas não como um *ser que escreve*", com base na convicção "de que a escrita é derivada e a fala é primária" (Marcuschi, 1997, p. 120, grifo do original). Uma evidência disso seria o fato de que a tradição oral faz parte da cultura de qualquer povo ou nação, ao passo que a escrita não é comum a todos os povos ao longo da história da civilização humana.

Você deve saber que existem, ainda hoje, culturas ou línguas ágrafas (sem escrita) em várias partes do mundo. Isso acontece inclusive no Brasil, em algumas nações indígenas. No entanto, não se tem notícia de povos sem qualquer tipo de tradição oral.

Um importante estudioso da cultura letrada, o filólogo inglês Eric Havelock, chama atenção para o fato de que a oralidade prescinde, pelo menos cronologicamente, da escrita. Ele argumenta que, do ponto de vista biológico-histórico, "o *homo sapiens* é uma espécie que usa o discurso oral, manufaturado pela boca, para se comunicar" (Havelock, 1976, p. 12, citado por Marcuschi, 1997, p. 123). Aí residiria a definição do ser humano, que seria antes de tudo alguém que fala, e não alguém que escreve ou lê.

O uso da escrita ou "o hábito de usar os símbolos escritos para representar essa fala" seria, então, um recurso relativamente recente, que não estaria inscrito em nossos genes. Na verdade, qualquer linguagem pode "ser transposta para qualquer sistema de símbolos escritos que o usuário da linguagem possa escolher sem que isso afete a estrutura básica da linguagem. Em suma, o homem que lê, em contraste com o homem que fala, não é biologicamente determinado" (Havelock, 1976, p. 12, citado por Marcuschi, 1997, p. 124).

Isso não quer dizer, entretanto, que a oralidade é superior à escrita, ou vice-versa, nem que ambas as modalidades devem ser tratadas de forma dicotômica, ou seja, em uma oposição entre fala e escrita.

> ## Indicações culturais
>
> Uma breve abordagem da importância da fala e da escrita na história dos povos e no cotidiano, com destaque para a oralidade, pode ser encontrada no vídeo *Fala e escrita: parte 01*, com a participação de Luiz A. Marcuschi.
>
> FALA e escrita: parte 01. 6 abr. 2011. Disponível em: <https://www.youtube.com/watch?v=XOzoVHyiDew>. Acesso em: 8 set. 2015.

Ao começar o estudo deste livro, que trata de fala e oralidade, você não terá muita dificuldade para perceber que abordar a língua oral implica considerar, de algum modo e em certa medida, a escrita.

Quase todos os livros, artigos e vídeos que encontrei em minha pesquisa sobre a oralidade estavam vinculados também à escrita ou ao tema do letramento. Se você buscar na internet, por exemplo, estudos voltados para a fala ou a oralidade, vai perceber a estreita vinculação entre a fala e a escrita, mesmo que isso não apareça claramente no título dos textos.

Ora, o que isso nos indica? Uma resposta possível seria: não dá para tratar a oralidade sem considerar a escrita.

Por outro lado, podemos considerar, para essa resposta, que o fenômeno ou a experiência da oralidade, ao longo da história da civilização humana, apenas esteve desvinculado da escrita nas chamadas *sociedades primitivas* ou *culturas orais*. Ainda assim, qualquer elaboração teórica ou historiográfica sobre as culturas orais passa, necessariamente, pela mediação da escrita ou de uma cultura letrada.

Essa questão pode ser mais bem trabalhada se observarmos a relação entre oralidade e escrita ao longo da história da civilização humana, aspecto que será examinado ao final deste capítulo e mais bem desenvolvido nos capítulos seguintes. Antes, porém, precisamos considerar algumas questões sobre a origem da linguagem ou, mais especificamente, da fala.

umpontodois
Problema da origem da fala

A origem da linguagem humana ou, mais especificamente, da linguagem verbal em sua primeira manifestação – a fala – não é um problema de solução fácil nem uma questão pacífica entre aqueles que dela se ocupam.

Desde a Antiguidade, passando pela Idade Média e chegando aos tempos modernos, filósofos e outros estudiosos têm se preocupado com questões relacionadas ao surgimento da fala humana.

No contexto dos estudos linguísticos, pesquisadores têm se voltado para questões relacionadas à origem das línguas ou para teorias que expliquem o surgimento ou a diferenciação dos idiomas a partir de uma hipotética língua-mãe.

Em narrativas míticas e em textos fundamentais da tradição religiosa do mundo antigo, encontramos explicações para o fenômeno do surgimento das línguas, como é o caso da conhecida narrativa bíblica da Torre de Babel, que procura explicar a diversidade das línguas.

Nosso interesse imediato, entretanto, não está voltado para questões linguísticas relacionadas à história ou ao surgimento das línguas ou de um idioma ou grupo de línguas em particular, mas para a origem da fala, da palavra oral.

Como mencionamos, essa é uma questão complexa e não se enquadra exatamente no objetivo maior deste capítulo, por isso vamos abordá-la apenas de modo introdutório.

1.2.1 Origem vocal e gradual da fala

Há filósofos, como Jean-Jacques Rousseau, que explicam o surgimento da língua ou da fala considerando a evolução gradual da linguagem humana. Em função da "necessidade de exprimir os sentimentos, [de] implorar socorro no perigo ou como alívio de dores violentas" (Silva, 2007), o homem começou a emitir sons. A linguagem ou a fala propriamente dita teria surgido quando a necessidade de uma comunicação mais íntima e a elaboração e multiplicação das ideias dos homens levaram à busca de "sinais mais numerosos e uma língua mais extensa"; assim, os homens "multiplicaram as inflexões de voz e juntaram-lhes gestos" (Silva, 2007).

Vários pensadores que identificam o surgimento da língua como lento e gradual supõem "que o homem a princípio proferiu exclamações e imitou os barulhos da natureza" (Melo, 1999). Essa explicação está associada à chamada *origem onomatopaica* ou *vocal* da linguagem. Isso quer dizer que a linguagem teria surgido na forma de sons emitidos pelos seres humanos com a intenção de imitar ou reproduzir sons da natureza. Aqueles sons foram gradativamente, ao longo de milhares ou milhões de anos, dando forma à fala.

Temos, então, um posicionamento em que se defende a origem vocal e gradativa para a linguagem humana, enfatizando-se "a antiguidade do processo evolutivo relativo ao sistema vocal humano" (Vasconcellos, 2012, p. 2301).

1.2.2 Origem gestual da fala

Outro posicionamento sobre o surgimento da fala está associado à origem gestual da linguagem.

Alguns pesquisadores identificam no gestual uma origem para a fala, com a atribuição de mesmo significado para um gesto comum que se repetiria em função de determinadas situações e ações. Essa é a posição do filósofo e psicólogo norte-americano George Herbert Mead (1934, citado por Silva, 2007), ao defender que "a linguagem gestual precedeu a linguagem falada". Para Mead, o conjunto de gestos com significados determinados e comuns teria dado origem, ao longo do tempo, "a formas mais elaboradas de linguagem".

Há cientistas que, ao associarem os gestos às práticas de comunicação humana e a um tipo de auxílio no desenvolvimento do pensamento, especulam que o gestual estaria na formação da linguagem humana. Nesse sentido, "experiências feitas com chimpanzés fortaleceriam a hipótese de que os gestos ancestrais em determinados macacos poderiam fornecer uma base simbólica para a linguagem humana" (Saldanha, 2010, p. 173).

Podemos encontrar essa abordagem em um pequeno artigo intitulado "Gestos ancestrais e a origem da linguagem", publicado na versão eletrônica da revista *Scientific American Brasil*, em maio de 2007, que traz algumas informações sobre uma pesquisa realizada na Emory University (nos Estados Unidos).

Os estudos revelam que os gestos dos chimpanzés e dos bonobos são utilizados conforme o contexto, enquanto as vocalizações têm significado fixo. Essa seria uma evidência de que, antes de usarem a palavra oral, os ancestrais da nossa espécie "falavam" pelos gestos, uma vez que estes, além de sua expressividade, continham significados variados em contraste com os sons desprovidos de significados variados e contextualizados (Gestos..., 2007).

Essa é uma hipótese bastante polêmica para muitos e não deve ser simplesmente ignorada. Aliás, experiências com primatas são reveladoras. Lembro-me do relato de Moacir Gadotti, educador brasileiro, ao comentar a descrição feita pelo filósofo francês Georges Gusdorf, em seu livro *La parole*, sobre experiências que cientistas fizeram para observar "as reações do macaco e da criança, quando colocados em situações idênticas" (Gadotti, 1985, p. 49).

Gadotti (1985, p. 47-48) explica que tanto a criança quanto o primata se valem de recursos idênticos a fim de

> *se afirmarem em seu universo. Dos 9 aos 18 meses, ambos respondem aos mesmos testes e obtêm os mesmos êxitos. Em determinado momento, porém, o macaco estaciona e a criança toma novo impulso. Eis o ponto crítico: a criança falou e o macaco não. A criança entra na realidade humana, enquanto o macaco permanece apenas animal.*

Essas observações acabam reforçando o que já tratamos anteriormente: a linguagem verbal como elemento de distinção do ser humano. Nas palavras de Gadotti (1985, p. 47), "o homem é um animal que fala. Afirmar que o homem é um animal social não o distingue, por si só, de animais que têm vida societária. Fundamentalmente, sua sociabilidade se baseia na linguagem".

Mas voltemos à questão específica da origem gestual da linguagem. O filólogo e linguista brasileiro Gladstone Chaves de Melo resume a teoria gestual da seguinte forma: "o homem teria começado por se comunicar gesticulando, até que um dia descobriu que o gesto laríngeo, a voz articulada, é um gesto mais rico, porque unívoco" (Melo, 1999).

O linguista, entretanto, prefere não aderir a essa hipótese, entre outras razões, pela impossibilidade de comunicação gestual nas situações em que não havia luz, como à noite. Na verdade, mais do que isso, ele não aceitava "a teoria da formação gradual da língua ou de sua origem imitativa, onomatopaica ou gestual" (Melo, 1999).

1.2.3 Outros posicionamentos

Para o professor Gladstone de Melo, a linguagem seria algo dado de antemão. Ele defendia que

> *os dois primeiros falantes receberam (de fato, não de direito) o código feito e daí por diante começaram a usá-lo. Com o tempo e na variedade do espaço, seus descendentes foram-no alterando e aí surgiram os dialetos e novas línguas (a partir da ruptura do sistema), até se chegar às milhares de hoje, espalhadas pelo mundo inteiro.* (Melo, 1999, grifo do original)

Diante dos posicionamentos até agora apresentados, talvez você esteja se questionando sobre qual seria o correto ou o mais adequado. Quero lembrá-lo de que não exploramos suficientemente todas essas posições teóricas para tomarmos partido nessa questão e, mesmo se o fizéssemos, parece-me precipitado optar por uma única explicação para a origem da linguagem humana.

A professora Zinda de Vasconcellos tem uma posição bem interessante sobre essa confusão teórica acerca da origem da linguagem. A liguista afirma: "minha posição pessoal – que coincide em pontos diferentes com a de vários outros autores – é a de que a linguagem se desenvolveu simultaneamente sob forma vocal e gestual, assim como são bimodais os sistemas comunicativos de chimpanzés e bonobos" (Vasconcellos, 2012, p. 2301).

A ideia por ela defendida é "a de que os primeiros símbolos significativos evoluíram a partir de gestos acompanhados de vocalizações expressivas. Esses gestos progressivamente teriam virado sinais", contendo embrionariamente uma estrutura gramatical que, em um primeiro momento, seria "como os primeiros enunciados infantis, em que uma única palavra já é uma frase", correspondendo a um enunciado inteiro (Vasconcellos, 2012, p. 2301). Depois, progressivamente, deu-se um processo de complexidade no desenvolvimento da linguagem.

> Indicações culturais
>
> Assista à versão dublada do documentário francês *As origens da linguagem*, o qual apresenta hipóteses interessantes para o surgimento da fala.
>
> AS ORIGENS da linguagem. 11 set. 2012. Disponível em: <https://www.youtube.com/watch?v=cYJoXsfgenQ>. Acesso em: 8 set. 2015.

A origem da linguagem é complexa e distante de um consenso teórico, e isso também parece acontecer com o estabelecimento de um conceito ou uma concepção de linguagem.

Como essa é uma questão importante, a seguir, vamos examinar as principais vamos examinar de linguagem e sua implicação no estudo da fala e da oralidade.

umpontotrês
Concepções de linguagem e implicações no conceito da fala

Ao estudarmos a fala na sua relação com diversas práticas sociais, precisamos compreender que a língua é mais do que representação ou expressão da realidade e, ainda, não se limita à função comunicativa. Além desses aspectos, a linguagem deve ser entendida mais integralmente como experiência de interação social.

O linguista e professor João Wanderley Geraldi, que defende a concepção de linguagem como "forma de interação", argumenta que a linguagem, "mais do que possibilitar a transmissão de informação de um emissor a um receptor", deve ser compreendida "como um lugar de interação humana: através dela o sujeito que fala pratica ações que não conseguiria praticar a não ser falando" (Geraldi, 1984, p. 43).

Entender a linguagem ou a própria fala como experiência de interação humana e social implica assumir que as palavras pronunciadas por qualquer um de nós estão estreitamente ligadas ao contexto, às nossas intenções, aos papéis e às funções que desempenhamos na sociedade ou nas relações interpessoais, além de outros aspectos. Isso quer dizer que a fala ocorre no contexto de práticas sociais, sendo mais do que uma forma de expressar ideias e comunicar uma mensagem.

Como nem sempre a linguagem foi compreendida dessa forma, vale a pena explorar um pouco mais esse assunto. Por isso, acompanhe agora algumas explicações sobre as três principais concepções de linguagem e suas implicações no uso da fala.

1.3.1 Fala como espelho da realidade

A primeira concepção que estamos considerando compreende a liguagem como expressão do pensamento, ou seja, que ela apresenta uma dimensão correspondente à necessidade de representação do mundo, da realidade, daquilo que pensamos e sentimos.

Desse modo, ao falarmos, exteriorizamos o que temos em mente. A própria "expressão se constrói no interior da mente, sendo sua exteriorização apenas uma tradução" (Travaglia, 2003, p. 21).

A oralidade, nessa perspectiva, é uma forma de espelhar o mundo, a realidade, nossos pensamentos ou intenções por meio da língua. A palavra falada, então, representa o mundo ou a realidade por meio de sons articulados.

Nessa concepção, o ato da fala é considerado algo monológico, indiferente ao contexto e ao interlocutor, centrado em quem fala, em quem se expressa, sem haver a preocupação com o modo como o outro vai ouvir. Dito de outra forma, o modo como o texto oral ou falado, utilizado em diversas situações "de interação comunicativa, está constituído não depende em nada de para quem se fala, em que situação se fala (onde, como, quando), para que se fala" (Travaglia, 2003, p. 22).

1.3.2 Fala como instrumento de comunicação

A segunda concepção de linguagem entende a língua na perspectiva do processo de comunicação, isto é, como um código ou conjunto de signos que, combinados conforme determinadas regras, podem transmitir uma mensagem, permitindo que informações sejam passadas de um emissor para um receptor (Travaglia, 2003, p. 22). Então, quem fala tem em mente uma mensagem que deve ser transmitida a um ouvinte.

Para que as informações cheguem ao outro, o falante coloca a mensagem "em código (codificação) e a remete para o outro através de um canal", como as ondas sonoras. O ouvinte recebe "os sinais codificados e os transforma de novo em mensagem (informações). É a decodificação" (Travaglia, 2003, p. 22-23).

A ênfase dessa concepção recai, então, sobre a função que a língua desempenha na comunicação. Para que as pessoas se comuniquem por meio da fala, por exemplo, é preciso que o código utilizado seja dominado por elas, caso contrário a comunicação não se efetivará (Travaglia, 2003, p. 22). Se alguém falar com você em uma língua desconhecida, provavelmente a comunicação não se realizará.

Devemos nos perguntar, porém, se, ao falarmos com os outros, a comunicação ou a transmissão de uma mensagem esgota a função ou o papel da linguagem.

Se um professor ou tutor lhe disser que determinado conteúdo de uma disciplina deve ser estudado com mais atenção, ele estará somente expressando o que tem em mente e se comunicando? Não estará, também, por meio da língua, exercendo uma ação e, provavelmente, provocando uma reação?

Essas questões nos remetem ao fato de que não usamos a língua somente para expressar e comunicar; nós nos valemos dela para agir e interagir com os outros e com o mundo. Isso nos leva à terceira concepção de linguagem.

1.3.3 Fala como interação

A terceira concepção de linguagem compreende a língua como uma prática social e uma forma de interação. Essa abordagem é fortemente influenciada por dois pensadores que se destacaram no cenário intelectual do século XX: o filósofo russo Mikhail Bakhtin e o psicólogo bielo-russo Lev Vygotsky.

A partir dos estudos realizados por Bakhtin e Vygotsky, a linguagem passou a ser entendida como "o lugar da interação, da negociação de sentidos, da representação de papéis, da constituição de identidades" (Souza; Mota, 2007, p. 506). Assim, por meio dos "atos de fala, podemos designar e qualificar as coisas, praticamos ações com palavras ditas e não ditas, exercemos o poder da fala intencionados em causar efeitos de sentidos múltiplos nos outros; enfim, a fala é um ato performativo" (Austin, 1965, citado por Souza; Mota, 2007, p. 505).

A língua é, então, vista como ação sobre o mundo e sobre os interlocutores, dotada de intencionalidade por parte de quem a utiliza. Nesse sentido, falantes e ouvintes "interagem enquanto sujeitos que ocupam lugares sociais e 'falam' e 'ouvem' desses lugares de acordo com as formações imaginárias (imagens) que a sociedade estabeleceu para tais lugares sociais", em uma relação dialógica (Travaglia, 2003, p. 23).

Desse modo, aquilo que falamos e ouvimos pode "provocar reações, produzir mudanças, despertar sentimentos e paixões, desencadear processos e ações" (Saldanha, 2010, p. 180). Se considerarmos as palavras de um juiz, proferindo a célebre frase "Eu vos declaro marido e mulher'" teremos um exemplo de que [...] a fala da autoridade faz surgir ou realiza um ato social e jurídico. Se um agente da lei, dirigindo-se a uma pessoa, dá voz de prisão e profere: "Esteja preso!", ele não está simplesmente exteriorizando seu pensamento ou comunicando uma novidade. (Saldanha, 2010, p. 180)

Indicações culturais

No vídeo *Linguagem e dialogismo*, produzido pela Univesp TV, você pode encontrar explicações e uma síntese sobre as três concepções de linguagem. O vídeo pode ser encontrado no link indicado a seguir.

LINGUAGEM e dialogismo. Univesp TV, 22 nov. 2011. Disponível em: <https://www.youtube.com/watch?v=D3Cuoe_cTzo>. Acesso em: 8 set. 2015.

Assim, ao compreendermos a linguagem em uma perspectiva sociointeracionista, devemos reconhecer que o uso da língua está diretamente vinculado com as relações estabelecidas entres os indivíduos que vivem em sociedade e com a história da civilização humana.

Na sequência, apresentaremos uma síntese da história da relação entre a linguagem, a civilização e o conhecimento humanos.

umpontoquatro
Linguagem e as três grandes fases da civilização humana

Já foi mencionado que a história da relação com o conhecimento pode ser sintetizada em três dimensões que remetem à cultura e à sociedade: "a da oralidade, a das sociedades da escrita, e o momento contemporâneo: a cibercultura" (Ramal, 2003, p. 251, grifo nosso).

Essas três grandes fases podem nos ajudar a resumir a complexa e extensa história do papel da linguagem nas diversas atividades que o ser humano desenvolve em suas relações com o mundo e na produção do conhecimento.

Vamos, então, caracterizar essas três fases ou dimensões para, no próximo capítulo, nos determos na compreensão das culturas orais.

1.4.1 Fase da oralidade

Na primeira fase, a da oralidade ou das culturas orais, a forma básica de transmissão do conhecimento era a narrativa. Por meio de relatos, tornava-se possível a construção da identidade, da visão de mundo e do modo de se relacionar com o próprio saber (Ramal, 2003, p. 251).

A concepção cíclica do tempo caracteriza as culturas orais. Conhecido como o *eterno retorno*, esse traço das sociedades sem escrita pode ser identificado nos mitos, nas lendas e em outras formas de narrativas orais, contribuindo também para preservar os valores dos povos, a memória e o saber subjetivo.

Há outros elementos das culturas orais que poderíamos apresentar, mas vamos desenvolvê-los mais adiante.

1.4.2 Fase da escrita

A segunda fase, a da escrita, está vinculada à invenção da escrita e, posteriormente, do alfabeto. A cultura da escrita também está relacionada às necessidades de comunicação de sociedades mais organizadas e complexas.

As narrativas orais e o tempo concebido de forma circular nas chamadas *sociedades primitivas* ou *orais* acabaram superados pelos documentos e textos escritos que registram dados, acontecimentos, fatos históricos e ideias. Desse modo, o tempo e os eventos foram encadeados em um antes e depois, e o tempo cíclico, ou o eterno retorno, foi rompido pela história e pelo tempo linear, assim como a página ou o texto escrito.

Nas sociedades da escrita, o saber não está reduzido ao narrador ou a um indivíduo. O conhecimento, codificado e transmitido pela escrita, fica disponível por meio da consulta e da leitura dos textos. As ideias ou mensagens, então, podem ganhar existência e ser preservadas em tempos e espaços distantes do autor que as produziu. Na sociedade da escrita, a relação com o conhecimento é marcada por linearidade, fragmentação e diversidade dos saberes, que, muitas vezes, são organizados em disciplinas ou visões parciais da realidade (Ramal, 2003, p. 252).

Nesse contexto, escrita e leitura são o meio privilegiado de produzir, acessar e transmitir o conhecimento.

1.4.3 Fase da cibercultura

A terceira fase, a da cibercultura, corresponde à cultura do ciberespaço e aos meios digitais. Ela está vinculada à contemporaneidade e aponta para mudanças na concepção de tempo, espaço e texto. Essas transformações, no entanto, não implicam a extinção da oralidade ou da escrita, pois, nestes tempos de inovação tecnológica, a palavra oral e a escrita recebem tratamento digital (Ramal, 2003, p. 253).

Com os novos meios e recursos tecnológicos e a possibilidade de estar *on-line*, o tempo na cibercultura é marcado pela simultaneidade. As distâncias virtualmente se encurtam, já que os espaços estão cada vez mais interligados pelas tecnologias e por meios de transporte mais velozes. Os espaços físicos se expandem virtualmente, como acontece com a sala de aula, que se estende para além de seus limites físicos e se virtualiza nos ambientes virtuais de aprendizagem (AVAs), ou como ocorre com as lojas físicas, que podem ser substituídas pelas lojas virtuais ou pelo comércio eletrônico.

Na fase da cultura digital ou cibercultura, a escrita tem novas formas e possibilidades de realização nos meios eletrônicos. A escrita pode ser marcada pela não linearidade e, também, por um hibridismo, ou seja, pela mistura da linguagem verbal e das diversas linguagens não verbais, em virtude do tratamento digital que o texto recebe. Dessa forma, vemos a escrita fazendo parte do hipertexto eletrônico, em uma rede de textos que multiplica as possibilidades e as operações por meio da escrita. O hipertexto eletrônico, importante manifestação da cibercultura, possibilita que o texto, exibido na tela e processado nos meios digitais, assuma "formas que, não sendo fixas, oportunizariam novas velocidades e estratégias no tratamento de seu material" (Saldanha, 2006), tornando suas fronteiras não tão visíveis e dando ao leitor a oportunidade "de embaralhar, entrecruzar e reunir textos no meio digital" (Saldanha, 2006).

Resumidamente, essas seriam as principais características das três fases que marcam a relação com o conhecimento na história da civilização humana.

No próximo capítulo, vamos tratar da oralidade e trabalhar os aspectos definidores da cultura da oralidade, além de examinar mais atentamente o modo como as sociedades orais lidavam com a memória, o tempo, a religiosidade e o conhecimento.

Síntese

Vimos, neste primeiro capítulo, que a linguagem verbal é um aspecto singular da humanidade e de nossa constituição social, permitindo identificar o ser humano como um "ser que fala".

Embora não seja possível precisar quando e como o ser humano começou a falar, há teorias que atribuem aos gestos expressivos a origem da fala. Outras explicações propõem uma origem vocal para a fala, que teria surgido a partir de gritos ou sons emitidos por nossos ancestrais ao imitarem sons da natureza ou expressarem determinadas sensações. De qualquer modo, não é despropositado pensar que, há milhões ou milhares de anos, a fala surgiu a partir de um processo gradual no qual os sons e os gestos se combinaram para permitir uma melhor expressão e comunicação.

Também estudamos algumas concepções de linguagem, o que nos permite concluir que a fala é uma experiência de interação, além de servir como expressão de nosso pensamento e instrumento de comunicação.

Por último, vimos que a história da civilização humana pode ser dividida em três fases, tendo em vista a importância da linguagem: da oralidade, da escrita e da cibercultura ou cultura digital.

Atividades de autoavaliação

1. De acordo com a concepção ou abordagem sociointeracionista da linguagem, a fala corresponde:
   a. a uma prática social e a uma forma de interação.
   b. apenas a uma representação da realidade, não comportando elementos relacionados com a intenção de quem fala ou escreve.
   c. a uma prática linguística centrada no código e limitada a aspectos comunicacionais.
   d. a um ato de fala monológico.

2. Ao dividirmos a história da civilização humana em três fases, podemos afirmar que a fase da oralidade é caracterizada por:
   a. predominância do gestual na comunicação e ausência de transmissão de conhecimento.
   b. transmissão do conhecimento por meio de narrativas orais e concepção cíclica do tempo.

c. impossibilidade do uso de narrativas orais como forma de transmissão e preservação de valores e conhecimento.
d. uma ideia linear do tempo.

3. A teoria do gestual ou a explicação sobre a origem da linguagem a partir dos gestos humanos pressupõe ou defende que:
a. havia atribuição de um mesmo significado para um gesto comum que se repetiria em função de determinadas situações e ações na origem da linguagem.
b. a linguagem falada precedeu a linguagem gestual.
c. o conjunto de gestos com significados determinados e comuns nunca poderia evoluir para formas mais elaboradas de linguagem.
d. os gestos eram usados pelos nossos ancestrais com significado fixo, enquanto as vocalizações eram utilizadas conforme o contexto.

4. Podemos incluir entre as explicações religiosas ou mitológicas para a origem da linguagem:
a. as experiências científicas com chimpanzés e bonobos.
b. a teoria da origem gestual da linguagem.
c. a teoria da origem vocal e gradual da linguagem.
d. a narrativa bíblica da Torre de Babel.

5. Sobre o lugar ou papel da fala e da escrita na linguagem humana, é adequado afirmar que:
a. a escrita prescinde, pelo menos cronologicamente, da fala.
b. a escrita deve ser considerada superior à fala.

c. o uso de símbolos para representar a fala é tão antigo quanto a própria fala.

d. o ser humano pode ser definido como um "ser que fala", mas isso não deve levar a uma visão dicotômica da relação entre escrita e fala.

Atividades de aprendizagem

Questão para reflexão

Seria possível imaginar a vida em sociedade sem a linguagem? Bom exercício de imaginação nesse sentido poderia ser feito, por exemplo, com alunos dos anos finais do ensino fundamental ou do ensino médio.

No *site* Educação UOL (Silva, 2015), encontramos um plano de aula cuja proposta é discutir quais das seguintes atividades seriam possíveis sem o uso da linguagem:

- caçar;
- pintar;
- viver em família;
- cultivar vegetais;
- fazer fogo;
- realizar ritos religiosos;
- trocar objetos;
- marcar a passagem do tempo;
- filosofar;
- pensar.

Depois de os alunos apresentarem suas opiniões, o professor deve orientá-los para que justifiquem suas hipóteses.

Com base na descrição da atividade sugerida, como você a avalia como contribuição para o aluno perceber a importância da linguagem na vida social e na constituição da humanidade?

Atividade aplicada: prática

Assista ao filme O enigma de Kaspar Hauser, de Werner Herzog, e procure identificar as implicações sociais e culturais envolvidas no fato de o personagem principal ser desprovido de linguagem verbal. Para auxiliar nessa atividade, considere o texto a seguir.

É possível alguém viver sem linguagem?

Kaspar Hauser tem sua história notabilizada por meio de inúmeras publicações científicas e do filme O enigma de Kaspar Hauser, do cineasta alemão Werner Herzog.

Os primeiros anos de vida de Kaspar Hauser foram em uma cela, sem contato verbal com qualquer outra pessoa. Isso o impediu de adquirir uma língua quando era criança. Seu isolamento o privou não somente da fala. Ele não tinha conceitos, raciocínios, hábitos nem mesmo gestos característicos das pessoas que viviam em sociedade. Não sabia distinguir o sonho da realidade. Kaspar Hauser aprendeu a falar apenas mais tarde. Supostamente aos quinze anos de idade, foi deixado em uma praça pública de Nuremberg, na Alemanha, com uma carta na mão explicando parte de sua história. Menos de cinco anos depois, em 1833, ele morreu assassinado. Sua vida em sociedade foi marcada por inadequações e estranhamentos devido à exclusão social e ao isolamento que experimentara desde criança.

FONTE: Saldanha, 2010, p. 174-175.

{

um   Linguagem humana e fala: origens
        e conceitos
dois **Oralidade em questão**
três   Fala, escrita e elementos do texto oral
quatro Gêneros orais e práticas sociais
cinco Oralidade na escola
seis   Fala e variações linguísticas

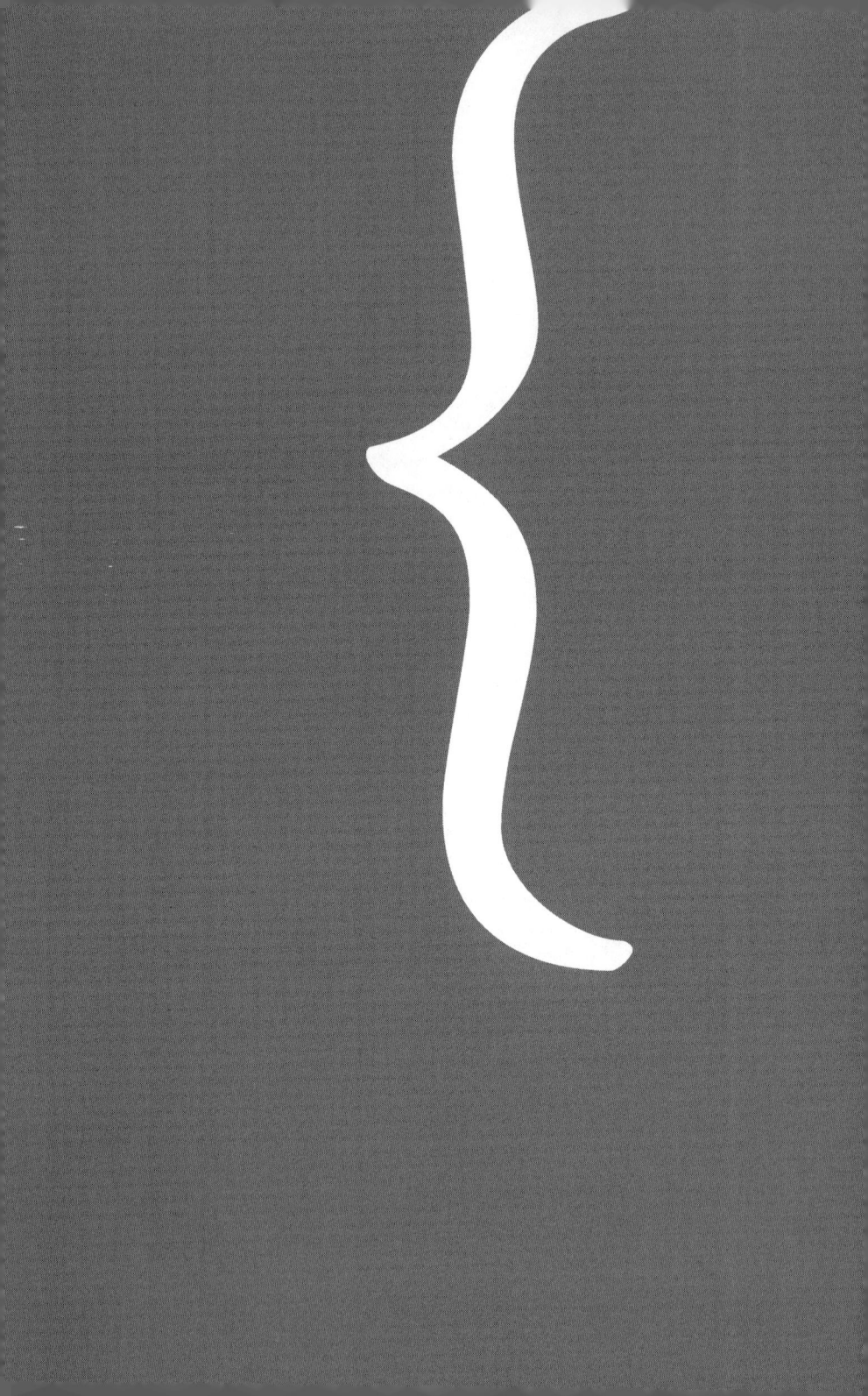

₡ UMA ABORDAGEM DA fala poderia simplesmente se valer da compreensão de que a língua falada corresponde a um código, com destaque para a palavra oral em relação ou em oposição à palavra escrita. Essa compreensão, porém, seria limitada, pois o uso da língua oral vai além da modalidade do próprio código linguístico e se constitui, também, em uma prática social. Há algum tempo, verifica-se nos estudos linguísticos a tendência de se considerar tanto a língua quanto o texto como práticas sociais, como tem feito o linguista e professor brasileiro Luiz Antônio Marcuschi (1997, p. 120).

Ao considerarmos a palavra oral tanto como modalidade de uso da língua quanto como prática social, podemos, então, fazer a seguinte distinção proposta por Marcuschi (1997, p. 126): a fala corresponde a uma modalidade de uso da língua e a oralidade corresponde a uma prática social.

Embora oralidade e fala estejam entrelaçadas e acabem, muitas vezes, equivalendo-se, vamos abordar prioritariamente a oralidade neste segundo capítulo, enfatizando as práticas sociais implicadas no uso da língua oral.

Assim, vamos trabalhar os contextos sociais relacionados à língua oral, destacando as principais características das culturas orais e analisando a forma como elaboravam aspectos importantes como memória, tempo, religiosidade e conhecimento.

Antes, contudo, já na primeira seção deste capítulo, você terá uma visão panorâmica dos estudos dedicados à oralidade, que começaram a despontar nos anos 1960 e fornecem base teórica ao que vamos apresentar sobre as culturas orais.

doispontoum
Estudos sobre a oralidade

Os estudos e as pesquisas sobre oralidade e fala são relativamente recentes e ganharam relevância a partir dos anos 1960. Entre 1962 e 1963, destacam-se estudos e publicações que trazem importante contribuição para a pesquisa sobre a oralidade.

Eric Havelock (1995, citado por Galvão; Batista, 2006, p. 404) identifica nessas produções implicações das mudanças pelas quais passavam os meios de comunicação no início da década de 1960, levando os pesquisadores a reconsiderar a oralidade e a escrita como objeto de estudo e destaque.

Ana Maria Galvão e Antônio Augusto Batista (Galvão; Batista, 2006, p. 404) ressaltam que "esses trabalhos, versando sobre temas diferentes e originários de países diversos, tinham em comum o fato de colocarem a oralidade em destaque".

Podemos listar pelo menos quatro publicações relevantes:

1. O livro *The Gutenberg Galaxy* (*A galáxia de Gutemberg*), de Marshall McLuhan, publicado em 1962, no Canadá.
2. A obra *La pensée sauvage* (*O pensamento selvagem*), do antropólogo Claude Lévi-Strauss, publicada em 1962, na França.
3. O artigo *The Consequences of Literacy* (ainda não traduzido para o português), publicado por Jack Goody e Ian Watt, em 1963, na Inglaterra, que apresenta importantes considerações sobre as consequências do letramento.
4. O livro *Preface to Plato* (*Prefácio a Platão*), de Eric Havelock, publicado em 1963, nos Estados Unidos.

Um dos mais importantes estudiosos da oralidade, o pesquisador norte-americano Walter Ong, identificou nos anos 1960 e 1970 um movimento acadêmico voltado para "a análise das relações entre culturas orais e escritas" (Galvão; Batista, 2006, p. 405).

As pesquisas desse período abarcam diferentes áreas do conhecimento, tais como antropologia, sociologia e psicologia. Os trabalhos enfatizam "o caráter oral da linguagem e as profundas implicações, em todos os níveis, da introdução da escrita em culturas tradicionais" (Galvão; Batista, 2006, p. 405).

Muitas pesquisas foram realizadas em sociedades que ainda hoje são caracterizadas como orais, valendo-se do trabalho de campo em busca de vestígios de culturas totalmente orais, como "melodias, cantos, epopeias, danças, exibições e músicas, ainda preservados oralmente e transmitidos de geração a geração entre as sociedades tribais" (Havelock, 1995, citado por Galvão; Batista, 2006, p. 405).

Walter Ong (1998, citado por Galvão; Batista, 2006, p. 405) associa a emergência dos estudos voltados para a oralidade à própria redescoberta da oralidade decorrente dos estudos linguísticos de Ferdinand de Saussure, considerado pai da linguística moderna, que teria apontado para o "primado oral da linguagem". Além disso, na avaliação de Ong, esses estudos eram inovadores em razão de apresentarem uma preocupação com o contraste ou a oposição, em diversos níveis, entre oralidade e escrita.

Nesse contexto, uma referência importante foi a tese *L'épithète traditionnelle dans Homère* (*O epíteto tradicional em Homero*), de Milman Parry, publicada em 1928, em Paris. Trata-se de um trabalho na área de estudos literários desenvolvido na Iugoslávia, nos anos 1920, no qual se analisou a oralidade nos poemas homéricos *Ilíada* e *Odisseia*, além de se examinarem os bardos, tradicionais cantores iugoslavos, bem como o processo de composição deles.

Todo o desenvolvimento da pesquisa e dos estudos sobre as relações entre o oral e o escrito resultou, de acordo com Havelock (1995, citado por Galvão; Batista, 2006, p. 406), em uma reelaboração dos conceitos de oralidade e oralismo, conferindo-lhes "maior importância acadêmica". Esses conceitos têm sido utilizados "para caracterização de sociedades que, dispensando o uso da escrita, têm se valido da linguagem oral em seus processos de comunicação" (Galvão; Batista, 2006, p. 406).

Se considerarmos a oralidade como prática social e a fala como modalidade linguística, podemos ainda apontar o surgimento e o desenvolvimento de estudos voltados especificamente para a fala, a partir de abordagens linguísticas sobre a palavra falada.

Esses estudos estão vinculados, também, à pesquisa sobre a oralidade, mas enfatizam a produção linguística efetiva, enfocando "os aspectos inerentes à língua falada" e privilegiando, muitas vezes, a análise da "interface linguagem-interação social" (Heine, 2012, p. 198). Nesse sentido, a língua falada é conceituada não somente a partir de elementos do código linguístico, mas também "como uma prática histórico-social, realizada por diferentes gêneros textuais" (Heine, 2012, p. 198).

Os estudos linguísticos especificamente relacionados com a fala serão abordados mais detalhadamente no terceiro capítulo. Vamos, agora, examinar mais detidamente as características da oralidade no contexto das sociedades que utilizavam exclusivamente a fala como linguagem verbal.

doispontodois
Culturas orais ou oralidade primária

Ao estudar o tema *oralidade*, você precisa saber que há uma peculiaridade muito importante em relação ao papel da fala ou da língua oral nas sociedades ao longo da história. Trata-se da distinção entre oralidade primária e oralidade secundária.

Inicialmente, vamos esclarecer que a oralidade primária corresponde à experiência da oralidade nas culturas ou nas sociedades orais. Isso significa que a oralidade primária é característica de uma cultura essencialmente oral, distinguindo-se da oralidade secundária, presente nas culturas que conheceram o advento da escrita.

Walter Ong, que foi padre jesuíta e professor de literatura em Saint Louis University (Missouri, nos Estados Unidos), em obra publicada originalmente em inglês em 1982, identificou a oralidade primária com as "culturas intocadas pelo letramento ou por qualquer conhecimento da escrita ou da imprensa ou, ainda, a das pessoas totalmente não familiarizadas com a escrita" (Ong, 1998, citado por Galvão; Batista, 2006, p. 407). A oralidade secundária, por sua vez, foi relacionada com a "atual cultura de alta tecnologia, em que uma nova oralidade é sustentada pelo telefone, rádio, televisão e outros meios eletrônicos que, para existirem e funcionarem, dependem da escrita e da imprensa" (Ong, 1998, citado por Galvão; Batista, 2006, p. 407).

Pierre Lévy, filósofo francês que pesquisa a cultura virtual e digital, reforça esse entendimento afirmando que a "oralidade *primária* remete ao papel da palavra antes que uma sociedade tenha adotado a escrita, [enquanto] a oralidade *secundária* está relacionada a um estatuto da palavra que é complementar ao da escrita, tal como o conhecemos hoje" (Lévy, 1993, p. 77, grifo do original). Na verdade, as sociedades da oralidade estão situadas antes mesmo de "qualquer distinção escrito/falado" (Lévy, 1993, p. 77).

Para Lévy, essa distinção entre cultura oral (oralidade primária) e cultura escrita (oralidade secundária) se daria em um *continuum* complexo, pois a diferença entre cultura oral e escrita ou a disjunção "com ou sem escrita" acaba não levando em conta, por exemplo, os signos pictóricos ou registros por meio de linguagens não verbais, como acontecia com algumas sociedades paleolíticas que, apesar de apresentarem registros pictóricos, são enquadradas apenas entre sociedades orais. No entanto, o filósofo francês considera útil a distinção entre sociedades orais e da escrita, pois essa disjunção chama "atenção para as restrições materiais, os elementos técnicos que condicionam, por exemplo, as formas de pensamento ou as temporalidades de uma sociedade" (Lévy, 1993, p. 77).

Na literatura sobre a oralidade, podemos também encontrar uma caracterização com base em três tipos definidos feita por Paul Zumthor, escritor suíço que lecionou literatura medieval em universidades europeias e americanas.

Zumthor identificou, em primeiro lugar, uma oralidade "primária e imediata", caracterizada pela ausência de contato com a escrita. Em seguida, descreveu a "oralidade mista", resultado da convivência entre oral e escrito, na qual a influência da escrita é "externa, parcial e atrasada". Finalmente, identificou a "oralidade segunda", pertencente à cultura letrada e caracterizada pela recomposição "com base na escritura em um meio onde esta tende a esgotar os valores da voz no uso e no imaginário" (Zumthor, 1993, p. 18, citado por Galvão; Batista, 2006, p. 407). Os três tipos de oralidade apresentariam variação "de acordo não somente com as épocas, mas com as regiões, as classes sociais e também com os indivíduos" (Zumthor, 1993, p. 18, citado por Galvão; Batista, 2006, p. 407).

Mas seria possível encontrarmos, hoje em dia, culturas orais primárias?

Se você levar em conta que a oralidade primária se situa na extremidade oposta da sociedade letrada e informática do *continuum*, talvez conclua, como Paul Zumthor, que, em virtude da própria história, a oralidade "primária e imediata, sem contato com a escrita" está perdida, uma vez que ela é encontrada apenas "nas sociedades desprovidas de todo sistema de simbolização gráfica, ou nos grupos sociais isolados e analfabetos" (Zumthor, 1993, p. 18, citado por Galvão; Batista, 2006, p. 101).

Essa questão, no entanto, não é a mais importante. Por isso, vamos analisar de que modo a memória, o tempo, a religiosidade e o conhecimento eram vivenciados nas culturas orais.

doispontotrês
Oralidade primária e memória

Qual seria o lugar da memória em uma sociedade que não tem meios escritos para registrar e preservar dados e informações?

Quando nos damos conta dos diversos recursos de que hoje dispomos para gravar e guardar informações, histórias e tudo o que possa nos interessar, parece óbvio que o papel da memória em uma sociedade sem escrita era simplesmente vital.

Nas sociedades orais, a palavra oral não se limitava à função de comunicar. Lévy (1993, p. 77), ao caracterizar a "oralidade primária", identifica nas sociedades orais uma função básica da palavra: "a gestão da memória social, e não apenas a livre expressão das pessoas ou a comunicação prática cotidiana".

Na verdade, o papel de gestora da memória social exercido pela palavra oral manifesta-se nas sociedades orais em função de a própria cultura dessas sociedades estar fundada "sobre as lembranças dos indivíduos" (Lévy, 1993, p. 77). Assim, por meio de mitos e narrativas orais, muitos valores culturais foram preservados. Além disso, o conhecimento e a inteligência nessas sociedades orais podem ser identificados, muitas vezes, com a memória auditiva (Lévy, 1993, p. 77).

Aliás, é importante você saber que, entre os povos antigos pertencentes à cultura oral, os líderes ou membros das classes mais altas "aprendiam seu ofício *escutando* os mais velhos" (Lévy, 1993, p. 77, grifo do original).

Dessa forma, as culturas orais revelam um saber que é transmitido oralmente. Esse aspecto aponta para a importância da memória nas sociedades orais ou, respondendo à pergunta que fizemos no início deste tópico, mostra que o lugar da memória nas sociedades orais é central e imprescindível.

Examinar o papel da memória nas culturas orais é conhecer as estratégias mnemônicas dessas sociedades, descobrir como pensavam o mundo, o tempo e o espaço, pois "nas sociedades sem escrita, a produção de espaço-tempo está quase totalmente baseada na memória humana associada ao manejo da linguagem" (Lévy, 1993, p. 78). Desse modo, sem o recurso da escrita ou de outra técnica para gravar ou registrar dados, informações e conhecimento, as sociedades orais se valiam da palavra oral para codificar não apenas suas mensagens, mas sua própria cultura. Por meio da língua falada, o mundo e a realidade eram retratados.

A representação por meio da palavra oral não se dava apenas de modo literal e objetivo. No uso da memória para preservar a cultura, a oralidade era uma forma de representação que podia ser revestida de criatividade, inventividade e ficcionalidade. Prova disso é o mito.

Mas o que é o mito no contexto da cultura oral?

Em vez de responder com uma definição fechada e acabada, vamos tentar compreender o mito nas culturas orais com base em algumas características e alguns critérios presentes nos mitos.

Em uma sociedade oral, era muito importante representar, por meio da palavra falada, diversos acontecimentos e aspectos da vida, do mundo ou da realidade, a fim de que eles fossem expressados, comunicados e, principalmente, preservados.

Lévy associa os critérios das representações que têm mais chances de sobreviver, por meio das memórias humanas, ao próprio mito. Para o autor, esses critérios são os seguintes:

1. *As representações serão ricamente interconectadas entre elas, o que exclui listas e todos os modos de apresentação em que a informação se encontra disposta de forma muito modular, muito recortada;*
2. *As conexões entre representações envolverão sobretudo relações de causa e efeito;*
3. *As proposições farão referência a domínios do conhecimento concretos e familiares para os membros das sociedades em questão, de forma que eles possam ligá-los a esquemas preestabelecidos;*

4. *Finalmente, estas representações deverão manter laços estreitos com "problemas da vida", envolvendo diretamente o sujeito e fortemente carregadas de emoção.* (Lévy, 1993, p. 82)

Os critérios enumerados fariam parte, então, das características do próprio mito, recurso fundamental nas sociedades orais para elaboração de várias representações, codificadas sob a forma de narrativa (Lévy, 1993, p. 82).

Ainda de acordo com Lévy (1993, p. 82), o "pensamento mágico" ou "selvagem" presente nas culturas orais e manifestado no mito não deve opor-se ao "pensamento objetivo" ou "racional", pois nas culturas orais ou "primitivas" os recursos disponíveis para a memória de longo prazo não estão em múltiplos "meios de inscrição externa", como na cultura escrita e digital, mas se limitam a um instrumento de inscrição, que é a palavra oral.

O pensamento mítico seria uma forma particular de representar o mundo e o conhecimento, em face dos recursos de representação disponíveis nas culturas orais. Desse modo, "os membros da sociedade sem escrita (e portanto sem escola) não são, portanto, 'irracionais' porque creem em mitos. Simplesmente utilizam as melhores estratégias de codificação que estão à sua disposição, exatamente como nós fazemos" (Lévy, 1993, p. 83).

O mito ou as narrativas como recursos mnemônicos ou técnicas para auxiliar a memorização, visando à preservação da cultura e dos valores de um povo, também estão vinculados a outros recursos que, por meio da linguagem oral e de linguagens não verbais, contribuem para a representação e a memória da cultura.

Talvez você já tenha experimentado algo parecido com alguns recursos usados nas sociedades orais. Quem sabe você tenha modificado a letra de uma música conhecida para memorizar determinada fórmula ou teoria. É possível, também, que tenha assistido a uma peça teatral ou mesmo encenado algum acontecimento histórico para melhor guardar suas características.

Lévy (1993, p. 82-83) observa que "memórias musicais e sensório-motoras" funcionam como auxiliares da memória semântica e ajudam a preservar em nossa mente as informações e as experiências mais significativas. Como exemplo, temos "as rimas e os ritmos dos poemas e cantos, as danças e os rituais" (Lévy, 1993, p. 83). Esses recursos, assim como as narrativas de um mito, têm função mnemônica, ou seja, funcionam como técnicas auxiliares da memória.

No caso das culturas orais, o uso de recursos musicais e cinésicos (relacionados às ações do corpo) fazia parte das representações, que tinham mais chances de serem preservadas pela memória e sobreviverem "em um ambiente composto quase que unicamente por memórias humanas" porque eram "codificadas em narrativas dramáticas, agradáveis de serem ouvidas, trazendo uma forte carga emotiva e acompanhadas de música e rituais diversos" (Lévy, 1993, p. 83).

Esses recursos presentes nas narrativas orais evidenciam que a "memória do oralista primário está totalmente *encarnada* em cantos, danças, gestos de inúmeras habilidades técnicas" (Lévy, 1993, p. 84, grifo do original). O conteúdo transmitido na fala vinculada a ritos e mitos é "observado, escutado, repetido, imitado, *atuado* pelas próprias pessoas ou pela comunidade como um todo" (Lévy, 1993, p. 84, grifo do original).

Como você pode ter percebido nessa breve análise da relação entre oralidade e memória, a palavra falada se constitui em recurso fundamental para a preservação da memória cultural nas sociedades orais, além de servir como meio para a expressão, a comunicação e a interação.

A memória preservada e cultivada por meio da palavra oral remete-nos ao aspecto que vamos tratar em seguida: o tempo nas culturas orais.

doispontoquatro
Oralidade e tempo

Você já sabe que as sociedades orais podem ser caracterizadas por uma forma de tempo circular. Embora seja pertinente considerar que nas culturas orais houvesse algum tipo de consciência de sucessão, a ênfase recai sobre uma circularidade cronológica que se revela nas formas de comunicação das sociedades orais primárias (Lévy, 1993, p. 83).

A circularidade do tempo nas culturas orais acaba sendo um modo ou uma estratégia de sobrevivência das práticas e dos valores dessas sociedades, pois "qualquer proposição que não seja retomada e repetida em voz alta está condenada a desaparecer" (Lévy, 1993, p. 83). Assim, como não existia uma forma de preservar ou guardar "as representações verbais para futura reutilização", as sociedades orais encontravam nos ritos e nos mitos uma maneira de transmitir sua herança, e isso ocorria por meio de "um incessante movimento de recomeço, de reiteração" (Lévy, 1993, p. 83).

Desse modo, o tempo circular se concretiza nas sociedades orais pelo retorno periódico do curso de procedimentos e ações, pois "os ciclos sociais e cósmicos ecoam o modo oral de comunicação do saber" (Lévy, 1993, p. 84).

Nas culturas orais, a relação entre oralidade e tempo está vinculada à natureza da **palavra oral**, de acordo com os estudos realizados por Walter Ong.

Como as palavras orais são sons, elas não têm suporte visual. A fala está associada "diretamente a ocorrências, eventos e acontecimentos"; assim, a relação entre o som e o tempo é "diferente das outras sensações humanas por ser evanescente" (Ong, 1998, citado por Galvão; Batista, 2006, p. 409). Dessa forma, a linguagem nas sociedades orais "é muito mais um modo de ação do que uma maneira de referendar o pensamento" (Ong, 1998, citado por Galvão; Batista, 2006, p. 409).

Em sua compreensão de pensamento oral, Walter Ong identificou uma organização das sociedades orais "muito em função do presente, apagando as memórias que não têm relevância para a vivência imediata, o que contribuiria para o equilíbrio societal" (Ong, 1998, citado por Galvão; Batista, 2006, p. 412).

Se considerarmos que as narrativas míticas eram uma forma de representação do mundo e um recurso para preservar determinados valores e informações, por meio de histórias ou mitos recontados, fica evidente que "o tempo era entendido como algo cíclico, que trazia de volta verdades sabidas e adivinhadas" (Ramal, 2003, p. 251). Assim, por meio das narrativas míticas, que evocavam a memória e a recriavam permanentemente, o tempo era concebido como cíclico ou circular nas sociedades orais.

Não devemos estranhar, portanto, que o estudo dos mitos ocupe lugar fundamental no esforço para compreender as sociedades e as culturas orais, pois as narrativas míticas eram uma estratégia para a preservação e a recriação da memória por meio de uma elaboração cíclica do tempo. Por isso mesmo, muitos pesquisadores estudaram os mitos nas culturas orais a fim de buscar entendimento sobre como aquelas sociedades lidavam com a memória, o tempo, a religião e o conhecimento.

doispontocinco
Oralidade e religiosidade

Como vimos, a oralidade está estreitamente relacionada às narrativas míticas nas práticas sociais das culturas orais, o que remete às formas de religiosidade praticadas nessas sociedades.

Embora não haja sentido único para o termo *mito*, podemos entendê-lo, no contexto das culturas orais e para o propósito deste capítulo, como modo primitivo de conceber o mundo, como narrativa imaginativa não histórica e não lógica, correspondendo à "narrativa do que os deuses ou os seres divinos fizeram no começo do Tempo". Cada mito mostraria "como a realidade veio à existência, seja a realidade total, o Cosmos, seja um fragmento dela" (Eliade, 1971, citado por Moisés, 1999, p. 342-343).

Para a consciência mítica, a existência "se processava em obediência a Seres, divinos ou semidivinos", os quais detinham os "poderes" que governavam o curso dos acontecimentos cósmicos e humanos (Langer, 1953 citado por Moisés, 1999, p. 343).

O mito está, portanto, relacionado ao sagrado, traduzindo "o profundo vínculo entre o biológico e o religioso", contendo regras para a ação que estavam manifestadas no rito, que pode ser entendido como o "mito em ação" (Gusdorf, 1960, citado por Moisés, 1999, p. 343).

O filósofo alemão Ernst Cassirer argumentou, ao estudar a relação entre mito e linguagem, que "tudo quanto haja sido denominado, não só se torna real como é a própria Realidade" (Cassirer, s.d., citado por Moisés, 1999, p. 344). Desse modo, havia nas culturas orais primárias uma relação de identidade entre "imagem e objeto, entre o nome e a coisa", acentuando a "fusão entre sujeito e objeto" (Cassirer, s.d., citado por Moisés, 1999, p. 344).

Em virtude de as palavras orais estarem vinculadas à ação, nas culturas orais elas apresentam "um grande poder sobre as coisas, um poder relacionado à magia: muitas palavras são consideradas tabu, associadas, muitas vezes, ao azar ou à sorte" (Galvão; Batista, 2006, p. 409-410).

Nas expressões religiosas das sociedades letradas, as palavras orais também conservam algum poder, mesmo que não seja considerado mágico ou mítico no sentido das chamadas culturas orais primitivas. A voz ou os discursos dos sacerdotes e das autoridades religiosas, além dos sons das súplicas, das rezas e das palavras ritualísticas, evidenciam o poder atribuído à palavra oral na relação com o sagrado ou no contexto das práticas religiosas.

Talvez você conheça alguém que não pronuncie determinada palavra por motivo religioso ou superstição. Quem sabe ainda você tenha se impressionado ao ouvir palavras proferidas em determinado ritual religioso. Isso pode indicar que poderes ou sentidos especiais são atribuídos às palavras proferidas em contextos religiosos ou relacionados ao sagrado.

Não há como negar o poder da palavra na religião, seja em tempos antigos, seja na contemporaneidade. Isso se manifesta em fórmulas religiosas, que têm caráter performativo, ou seja, realizam determinados atos quando pronunciadas, e estão associadas a determinadas regras.

Para a linguista brasileira Eni Puccinelli Orlandi (2011, p. 252), as palavras ou as fórmulas religiosas ganham poder ou têm validade quando são ditas e usadas "em situação apropriada e bem configurada". Isso significa que as palavras ou os atos de linguagem devem provir de quem está

> *investido de uma autoridade dada, ou pelo menos reconhecida, pelo poder temporal, em condições muito bem determinadas, em situações sociais bastante ritualizadas, como acontece nas situações em que se diz, por exemplo, "Eu te batizo", ou "estão casados", ou então, em relação a orações que, para ter validade, devem ser feitas em condições precisas.* (Orlandi, 2011, p. 252)

Orlandi (2011, p. 247), ao analisar o discurso no contexto do cristianismo, defende que "a própria fala é ritualizada, é dada de antemão". Nesse sentido, para se falar com Deus, existem fórmulas, "mesmo quando se caracteriza essa relação de fala pela familiaridade, pela informalidade", e isso ocorre porque "quando se fala com Deus, se o faz por orações ou por expressões mais ou menos cristalizadas (como: Ó meu Deus! Faça com que...)" (Orlandi, 2011, p. 247).

É interessante percebermos que a relação com o sagrado, manifestada na fala, dá-se de modo não simétrico, pois o poder de dizer é sempre do divino: "de um lado, temos sempre a onipotência divina, de outro, a submissão humana" (Orlandi, 2011, p. 247). Assim, a oralidade manifesta as relações com o sagrado, seja nas culturas orais primitivas, seja em diversas formas de religiosidade nas culturas letradas ao longo da história da civilização humana.

Se pudermos compreender a religiosidade como forma de representar o mundo, como forma específica de conhecimento, então será possível concluir que a palavra oral tinha importante função na mediação do conhecimento nas sociedades orais.

Como a religião não é a única forma de conhecimento da qual o ser humano dispõe, vale a pena examinarmos outras, presentes nas culturas orais.

doispontoseis
Conhecimento nas sociedades orais

Depois de aprender que o mito e a religião têm papel decisivo nas culturas orais, você pode imaginar que nas sociedades orais não há qualquer forma de lógica ou raciocínio. Precisamos admitir, entretanto, que realmente há um modo de pensar distinto nessas sociedades.

Para Lévy (1993, p. 93), a lógica e o raciocínio estão presentes nas culturas orais, ainda que a forma de pensar seja manifestada e organizada de modo diferente do que ocorre nas culturas letradas. Ele defende que os indivíduos das sociedades orais não são "menos inteligentes nem menos razoáveis que nós, apenas praticam uma forma de pensar, perfeitamente ajustada a suas condições de vida e de aprendizagem (não escolar)" (Lévy, 1993, p. 93).

Com base em trabalhos e estudos antropológicos, Lévy (1993, p. 93, grifo do original) argumenta que, ao compararmos as culturas orais com as culturas escritas, podemos perceber nas pessoas de culturas escritas a tendência para "pensar por *categorias* enquanto que as pessoas de culturas orais captam primeiro as *situações* (a serra, a lenha, a plaina e o machado pertencem todos à mesma *situação* de trabalho da madeira)".

O sociólogo belga naturalizado canadense Derrick de Kerckhove também defende a existência de um modo de pensar diferente nas culturas orais, a partir da vinculação ao próprio mito. Ele argumenta que

> as pessoas que têm uma cultura oral estão sempre a pensar associativamente, não processando as ideias de uma forma específica ou especulativa. Este cenário cognitivo conduz a analogias e mitos. Um mito só funciona se se ligar a muitas situações humanas e a muitas interpretações sem perder a sua estrutura básica. (Kerckhove, 1997, p. 156)

Vemos, então, que um aspecto importante na relação entre conhecimento e oralidade tem a ver com a preservação e transmissão do conhecimento e da própria cultura nas sociedades orais, e isso acontece por meio do mito e de outros recursos expressivos associados a narrativas orais. Sabemos que a transmissão do conhecimento e da cultura ocorre nas sociedades principalmente por meio do chamado *método linguístico*, ou seja, por meio da linguagem verbal, escrita ou falada.

Se atentarmos para a história da educação ou da produção do conhecimento, perceberemos que é por meio do uso da língua em discursos, palestras, aulas, livros e outros recursos que o conhecimento é produzido, transmitido e preservado. Já se considerarmos as culturas orais, veremos que a língua está limitada à fala, à palavra oral. A transmissão e a preservação do saber nas culturas orais dependem das narrativas orais, produzidas meramente a partir das memórias.

Assim, nas sociedades não letradas, "o armazenamento e a transmissão entre as gerações podem ser feitos apenas por meio de memórias individuais. A informação linguística pode ser incorporada em uma memória transmissível, se obedecer a duas leis de composição: tem que ser rítmica e mítica" (Havelock, 1988, p. 128, citado por Galvão; Batista, 2006, p. 414).

Isso implica uma estratégia para preservar o saber por meio da oralidade. Não bastam pequenos relatos orais isolados ou fragmentos de palavras sábias. A transmissão nas culturas orais não pode ser satisfeita por "um conjunto de máximas e ditados ou mesmo de pequenas histórias separadas", pois existe a necessidade de uma narrativa épica na qual "valores, atitudes, normas e comportamentos são transmitidos" (Galvão; Batista, 2006, p. 414).

São as narrativas míticas que ilustram e sugerem, ainda que indiretamente, "costumes, modos, leis, religião e formas de governo de um povo". Tal qual acontecia no contexto das epopeias gregas (como na *Ilíada* e na *Odisseia*), as pessoas nas culturas orais "confiam a informação e a recitação desses textos épicos a trovadores profissionais e são continuamente instruídos por esses cantores à medida que ouvem os poemas recitados e são encorajados a repeti-los" (Havelock, 1988, p. 129, citado por Galvão; Batista, 2006, p. 414).

Embora essas narrativas épicas sejam estrategicamente centrais, devemos considerar também o lugar dos ditados e dos provérbios nas culturas orais, pois eles constituíam uma condição para o pensamento oral e tinham uma função relacionada com a lei moral. Na verdade, podemos entender esses recursos como parte da substância do pensamento, não sendo meras "decorações jurisprudenciais", mas constituindo a própria lei (Ong, 1998, citado por Galvão; Batista, 2006, p. 415).

Outro aspecto que devemos destacar na relação entre a oralidade e o conhecimento tem a ver com o modo pelo qual o pensamento era processado e o conhecimento, armazenado. Podemos explicar esse aspecto chamando atenção para o fato de que a comunicação oral implica um interlocutor, alguém que deve ouvir as narrativas míticas, os relatos diversos e os ditados. Era preciso, então, repetir para o outro, e não somente para si mesmo, o que precisava ser guardado e transmitido.

Desse modo, em uma cultura oral primária, o que deveria ser transmitido precisava seguir determinados padrões mnemônicos ou técnicas para auxiliar na retenção e na recuperação do pensamento. O conteúdo a ser transmitido e guardado deveria, assim, ser moldado ou estar em um formato que facilitasse a "pronta repetição oral" (Ong, 1998, p. 45, citado por Galvão; Batista, 2006, p. 415).

Isso implicava uma forma de elaborar o pensamento "em padrões fortemente rítmicos, equilibrados, em repetições ou antíteses, em aliterações e assonâncias, em expressões epitéticas ou outras expressões formulares, em conjuntos temáticos padronizados (...), em provérbios que são constantemente ouvidos por todos", de tal modo que o conteúdo a ser transmitido e guardado pudesse vir prontamente à mente, sendo modelado para "a retenção e a rápida recordação" (Ong, 1998, p. 45, citado por Galvão; Batista, 2006, p. 415). Todos esses recursos poéticos ou estilísticos, que se assemelham a parlendas, canções infantis ou ditados que as crianças usam e facilmente gravam, serviam para ajudar na memorização e evidenciavam, também, uma forma de elaborar o pensamento.

É bom destacarmos também o fato de que, nas culturas orais, a relação com o conhecimento e o aprendizado não ocorre por meio do estudo, como nas sociedades letradas. Esse vínculo com o saber acontece pela imitação, pela repetição, pelo recurso à memória e à "retrospecção coletiva". Assim, "a repetição e o recurso à memória constituem a base dos processos de transmissão do conhecimento" (Galvão; Batista, 2006, p. 416).

Além disso, há uma importante relação do corpo com o aprendizado e o conhecimento por meio da fala e da audição, em uma somatização do aprendizado. Nesse sentido,

> todo o corpo, mediante movimentos rítmicos, é utilizado nos processos de memorização. Os cantadores/narradores populares, muitas vezes, [utilizavam] um instrumento simples, como o tambor, para reforçar o ritmo da narrativa, contribuindo para introduzir nos ouvintes o "encantamento" do som, deixando-os em um estado de semi-hipnose, marcado pelo prazer e pelo relaxamento. (Galvão; Batista, 2006, p. 416)

Essa integração do corpo no aprendizado ou na educação das culturas orais implicava, segundo Egan (1987, p. 451, citado por Galvão; Batista, 2006, p. 417), um "processo de cativar a plateia, de deixar registrado nela a realidade da estória". Residiria aí uma razão para a sobrevivência das instituições sociais nas culturas orais, pois, em razão do som ou da palavra cantada e falada, os indivíduos eram convertidos "a determinadas crenças, expectativas, papéis e comportamentos" (Egan, 1987, p. 451, citado por Galvão; Batista, 2006, p. 417).

Desde muito tempo se percebe, de algum modo, a importância do método ou dos meios utilizados para o aprendizado do outro. Por isso a forma e o conteúdo das narrativas orais eram trabalhados levando-se em conta o contexto e os ouvintes. Pierre Lévy destaca que o contador ou narrador, nas sociedades orais primárias, "adaptava sua narrativa às circunstâncias da sua enunciação, bem como aos interesses e conhecimentos de sua audiência. Da mesma forma, o mensageiro formulava o pensamento daquele que o enviara de acordo com o humor e a disposição particulares de seu destinatário" (Lévy, 1993, p. 89).

Veja, então, como é fundamental o uso de recursos que, além de auxiliarem o outro a ouvir o que se tem a dizer, ajudam a compreender, guardar e integrar à própria vida aquilo que se ouve e se aprende.

Vamos refletir um pouco mais sobre esses recursos observando as características da dinâmica do ouvir e do guardar nas sociedades orais, assunto da última seção deste capítulo.

doispontosete
Características da psicodinâmica da oralidade

Se você pudesse comparar as mentes orais às mentes letradas, possivelmente chegaria a um conjunto de características que Ong (1998, citado por Kerckhove, 1997, p. 154) chamou de "psicodinâmica da oralidade". Essas peculiaridades estão relacionadas com atitudes ligadas à audição, como "o que ouvir, como ouvir, quem ouvir e como guardar ou lembrar o que foi ouvido" (Ong, 1998, citado por Kerckhove, 1997, p. 154).

Vejamos as nove características relacionadas com a oralidade ou sua psicodinâmica.

1ª **Peso das palavras:** "as palavras pesam o que pesam as pessoas que as dizem"
Para Ong (1982, citado por Kerckhove, 1997, p. 154), nas culturas orais, a palavra tem um peso que corresponde ao valor e à relevância de quem as pronuncia, e isso implica afirmar que "as palavras são suportadas pela presença, energia e reputação de quem fala; são as extensões do seu poder e chamam a atenção de quem ouve na

medida da eminência de quem fala". Desse modo, "tudo que é dito tem um peso favorável ou desfavorável, por isso é preciso escolher bem as palavras" (Ong, 1982, citado por Kerckhove, 1997, p. 154).

Note que o poder da palavra oral, em certa medida, reside em marcas ou aspectos não verbais: "a palavra oral nunca está sozinha. A entoação, volume, rima e outros valores tonais têm intencionalidade e força" (Kerckhove, 1997, p. 155).

2ª **Audição associativa**: "só se sabe o que se consegue lembrar"
Para Ong (1998, citado por Kerckhove, 1997, p. 155), a segunda característica da psicodinâmica da oralidade tem a ver com a dependência do saber em relação à memória, que, por sua vez, depende da palavra oral. Tanto a memória privada do locutor quanto a memória coletiva do público são enfatizadas e estão contidas "não fora de quem se lembra, mas nas palavras, nos ritmos, gestos e *performances* de conjuntos legitimados" (Ong, 1998, citado por Kerckhove, 1997, p. 155).

Nas culturas orais, o interesse diante do que se ouve não estaria em ideias novas ou conceitos inéditos, mas residiria em ouvir aquilo que já se sabe. Tal atitude seria semelhante à tendência de se "olhar para características reconhecíveis em novas situações: 'Isto lembra-me aquele acontecimento' ou 'Esta cara lembra-me isto e aquilo'" (Kerckhove, 1997, p. 156). Desse modo, a cultura oral se prende às analogias e aos mitos.

A relação entre conhecimento, memória e oralidade remete, ainda, ao fato de "a informação oral ser em geral partilhada coletivamente, em vez de detida individualmente". Assim, diferentemente das culturas letradas, "a detenção de informação privada" e de controle não é uma característica da cultura oral (Kerckhove, 1997, p. 156).

3ª Ouvir com o corpo

A terceira característica apontada por Ong está relacionada ao fato de, nas culturas orais, o pensamento oral permanecer "próximo do mundo natural humano" e afastar-se das abstrações: "a audição oral procura imagens em vez de conceitos, pessoas em vez de nomes"; assim, o sentido se organiza a partir das "imagens vividas que agem em contextos" (Kerckhove, 1997, p. 156).

Como o discurso oral se manifesta principalmente por meio de narrativas, a preferência será por verbos de ação, mais do que por predicados. Os ouvintes dessa cultura oral, por sua vez, darão "prioridade à dinâmica teatralizada" em detrimento de descrições mais estáticas (Kerckhove, 1997, p. 157).

Ouvir, em uma sociedade oral, apresenta-se como uma ação que mobiliza o corpo e caracteriza-se por aspectos mais concretos. Ao explicarem essa característica da psicodinâmica da oralidade, Galvão e Batista (2006, p. 411) a apresentam como uma proximidade do pensamento oral em relação ao "mundo vital". O conhecimento é "conceitualizado e verbalizado sempre em referência, maior ou menor, à experiência humana. [...] a própria aprendizagem ocorre por meio da observação e da prática e, minimamente, pela explanação verbal e pela recorrência a conceitos abstratos" (Galvão; Batista, 2006, p. 411-412).

Galvão e Batista (2006, p. 412) observam, ainda, que o pensamento oral apresenta um "tom predominantemente emocional"; por isso, "a memória oral trabalha com narrativas míticas, personagens fortes, cujas mortes em geral são monumentais, memoráveis e comumente públicas". Essa heroicização dos personagens contribui para satisfazer a necessidade, nas culturas orais, de uma experiência que se organize de modo permanentemente memorável: "a comunicação verbal está sempre envolvida em relações interpessoais caracterizadas tanto pela atração quanto pelos antagonismos, [por isso] há uma tendência à polarização das narrativas: de um lado, encontram-se o bem, a virtude e os heróis; de outro, o mal, o vício e os vilões" (Galvão; Batista, 2006, p. 412).

4ª O pensamento oral é mais empático e participativo
A quarta característica do pensamento oral corresponde ao fato de que ele é "mais empático e participativo do que objetivamente distanciado" (Galvão; Batista, 2006, p. 412).

Essa característica está relacionada à percepção de que "o foco da audição oral não é tanto a voz mas o espaço criado entre os interlocutores" (Kerckhove, 1997, p. 157). O espaço se caracterizaria por uma audição qualificada, que pode ser comparada ao modo de audição feminino: "as atitudes auditivas das culturas orais são idênticas à forma como as mulheres ouvem, [pois] as mulheres estão geneticamente condicionadas, em todas as culturas, a responder melhor à audição do que à visão" (Kerckhove, 1997, p. 157).

Assim, a ação da cultura oral se daria no espaço ou na relação entre o falante e o ouvinte, marcada por uma fala mais relacional, tal qual a tendência verificada na forma como as mulheres lidam com a linguagem, diferentemente de uma consideração mais instrumental da linguagem típica dos homens (Kerckhove, 1997, p. 158).

Em uma cultura oral, o aprendizado ou o saber implicam "atingir uma identificação íntima, empática, comunal com o conhecido, 'deixar-se levar por ele'" (Ong, 1998, p. 57, citado por Galvão; Batista, 2006, p. 412).

Mesmo nas culturas em que a oralidade convive com a escrita ou o letramento, esse aspecto não deixa de ter seu valor. É preciso estar atento "ao som da voz do outro! É por meio da voz que expressamos alegria, desespero, tristeza, medo ou raiva. Às vezes, a maneira como uma pessoa usa sua voz nos dá muito mais informações sobre ela do que o sentido lógico daquilo que diz" (Abreu, 2005, p. 39).

5ª O pensamento oral é mais aditivo do que subordinativo
O fato de o pensamento oral ser mais aditivo do que subordinativo não implica uma incapacidade de o modo de pensar oral estabelecer relação, por exemplo, de causa e consequência. Antes, significa que "a utilização de aditivos constitui a forma principal de expressão do pensamento" (Ong, 1998, citado por Galvão; Batista, 2006, p. 410).

6ª O pensamento oral é mais agregativo do que analítico
O caráter predominantemente agregativo do modo de pensar oral se expressaria, exemplarmente, na grande carga de epítetos, como "Odisseu, o astuto", e em fórmulas variadas, como frases feitas e provérbios. Essa característica da expressão oral provocaria "redundância e monotonia na linguagem", se comparada com a chamada "alta" literatura (Ong, 1998, citado por Galvão; Batista, 2006, p. 410).

Comentando o caráter agregativo da "psicodinâmica das culturas de oralidade primária", com base em Ong, Galvão e Batista (2006, p. 410) afirmam que o uso das expressões agregativas reserva "pouco espaço para o questionamento das adjetivações: a opinião já viria avalizada, cristalizando, de certo modo, o pensamento".

7ª O pensamento oral é redundante e pouco original

Nas culturas orais, a redundância ou a repetição do que já foi dito "atende a certas expectativas do ouvinte em relação aos mesmos temas e às mesmas formas" (Galvão; Batista, 2006, p. 410).

A redundância não é eliminada na cultura oral porque isso demandaria tempo maior no trabalho com a linguagem, o que seria possível por meio da escrita. É a escrita que possibilita "o pensamento mais lento, oportunizando a reorganização da linguagem, eliminando as repetições desnecessárias" (Galvão; Batista, 2006, p. 410).

8ª O pensamento oral é conservativo e tradicionalista

Em razão de a transmissão do saber e de outros valores culturais de geração a geração ocorrer por meio de contínuas repetições, para que as novas gerações aprendam o que deve ser preservado, "as sociedades orais geram um padrão de pensamento altamente tradicionalista e conservativo, inibindo, assim, a experimentação intelectual" (Galvão; Batista, 2006, p. 411). Nesse contexto, os anciãos sábios, detentores e transmissores do saber, são valorizados.

Nas culturas orais, "a mente é utilizada predominantemente para conservar", o que não significa falta de originalidade, pois esta "não consiste, no interior dessas culturas, na criação de novas histórias, mas na maneira pela qual as velhas narrativas são manejadas em interação com as audiências" (Galvão; Batista, 2006, p. 411).

Conforme explica Ong (1998, p. 53, citado por Galvão; Batista, 2006, p. 411), cada vez que algo é narrado, "deve-se dar à história, de uma maneira única, uma situação singular, pois nas culturas orais o público deve ser levado a reagir, muitas vezes intensamente". Desse modo, são introduzidos elementos novos em histórias tradicionais, mas deve-se compreender que "haverá tantas variantes menores de um mito quantas forem as repetições dele, e a quantidade de repetições pode aumentar indefinidamente" (Ong, 1998, p. 53, citado por Galvão; Batista, 2006, p. 411).

9ª O pensamento oral é mais situacional e concreto do que abstrato

Essa característica, que, de algum modo, remete ao terceiro aspecto listado, relaciona-se à percepção de que, nas culturas orais, havia uma tendência para o uso de "conceitos operacionais e padrões de referência que se constituem, minimamente, em abstrações" (Galvão; Batista, 2006, p. 413). Isso quer dizer que as estratégias de racionalização estariam mais relacionadas ao modo de racionalidade mais "empírico".

Síntese

Neste segundo capítulo, distinguimos a oralidade da fala para enfatizar que a relação entre língua oral e práticas sociais remete à oralidade, enquanto o uso da língua oral como modalidade linguística, comparada à escrita, corresponde à fala. Essa distinção serviu para destacarmos as características das culturas orais, que foram denominadas *culturas orais primárias*, para fazer referência ao fato de essas sociedades desconhecerem o uso da escrita.

Na descrição das características das culturas orais, observamos que a noção de tempo, a forma de lidar com a memória, a relação com o conhecimento e as práticas de religiosidade revelam que as sociedades orais dispunham de recursos específicos para o registro, a preservação e a transmissão de suas experiências, seus valores e seu saber. O mito e as narrativas orais eram esse principal recurso.

Também vimos que o pensamento oral é mais empático e associativo; está relacionado à audição associativa, que mobiliza a memória, o corpo e os sentidos; é mais aditivo do que subordinativo; é mais agregativo do que analítico; é redundante e pouco original; é conservativo e tradicionalista; e, por fim, é mais situacional e concreto.

Outra síntese da cultura oral pode ser obtida, com as devidas limitações, no quadro a seguir.

QUADRO 2.1 – ORALIDADE *VERSUS* CULTURA LETRADA

cultura oral	*versus*	cultura letrada
pensamento concreto	*versus*	pensamento abstrato
raciocínio indutivo	*versus*	raciocínio dedutivo
atividade artesanal	*versus*	atividade tecnológica
cultivo da tradição	*versus*	inovação constante
ritualismo	*versus*	analiticidade

FONTE: Marcuschi, 1997, p. 129.

A oralidade, então, vincula-se às práticas sociais e mantém distinções em relação ao letramento ou à cultura letrada.

Atividades de autoavaliação

1. A oralidade primária corresponde:
   a. à língua que uma criança começa a falar nos primeiros anos de vida.
   b. à fala daqueles que são desprovidos de cultura.
   c. às culturas orais sem a experiência do letramento e o conhecimento da escrita.
   d. a uma nova oralidade, sustentada pelos meios tecnológicos de comunicação.

2. O estudo da oralidade está relacionado a uma abordagem que privilegia a língua oral:
   a. como prática social.
   b. apenas como modalidade linguística, em oposição à modalidade escrita.
   c. como código.
   d. como produção linguística efetiva, correspondendo ao conceito de *fala*.

3. A noção de tempo nas culturas orais primárias é:
   a. cíclica.
   b. não cíclica.
   c. desvinculada das narrativas míticas.
   d. oposta ao "eterno retorno".

4. Nas culturas orais, o uso de recursos musicais e cinésicos nas narrativas estava relacionado com:
a. representações que não auxiliavam na preservação da memória.
b. a encarnação ou materialização da memória em cantos, danças, gestos e outras habilidades técnicas.
c. impedimentos ou barreiras para que as narrativas dramáticas fossem agradáveis de serem ouvidas.
d. o esforço para preservar os acontecimentos na memória sem qualquer carga emotiva e livre de rituais.

5. A relação com o conhecimento ou o saber nas sociedades orais primárias se caracterizava:
a. pelo aprendizado por meio do estudo e pela ênfase no pensamento abstrato.
b. pela repetição e pelo recurso à memória como base dos processos de transmissão do conhecimento.
c. pela ausência de qualquer raciocínio ou tipo de lógica.
d. pelo interesse em ouvir ideias novas ou conceitos inéditos e pela rejeição daquilo que já se sabia.

Atividades de aprendizagem

Questão para reflexão

Nas culturas e sociedades orais, técnicas ou recursos mnemônicos ajudavam na memorização e na preservação de acontecimentos, crenças e saberes. Em nossa cultura letrada e digital, quais atividades com a linguagem oral você identifica como um recurso mnemônico?

Atividade aplicada: prática

Acesse os *links* indicados a seguir e assista a duas entrevistas sobre a *Odisseia* e a *Ilíada*. Identifique os recursos presentes nas narrativas orais ou nos mitos que contribuíam para o cultivo e a preservação dos valores e do conhecimento no mundo antigo. Essa atividade prática pode ser complementada com o filme *Troia*, do diretor Wolfgang Petersen, disponível em DVD.

LITERATURA universal: Ilíada (Homero). Univesp TV, 27 mar. 2013. Disponível em: <http://www.youtube.com/watch?v=mRtUgA3_Mmo&list=PL3GRMQgtFC7NOnUE_fX5696Cm1L-683bk>. Acesso em: 8 set. 2015.

LITERATURA universal: Odisseia (Homero). Univesp TV, 27 mar. 2013. Disponível em: <http://www.youtube.com/watch?v=38QJQmaFuOE&index=2&list=PL3GRMQgtFC7NOnUE_fX5696Cm1L-683bk>. Acesso em: 8 set. 2015.

um   Linguagem humana e fala: origens
       e conceitos
dois   Oralidade em questão
**três Fala, escrita e elementos
       do texto oral**
quatro Gêneros orais e práticas sociais
cinco   Oralidade na escola
seis   Fala e variações linguísticas

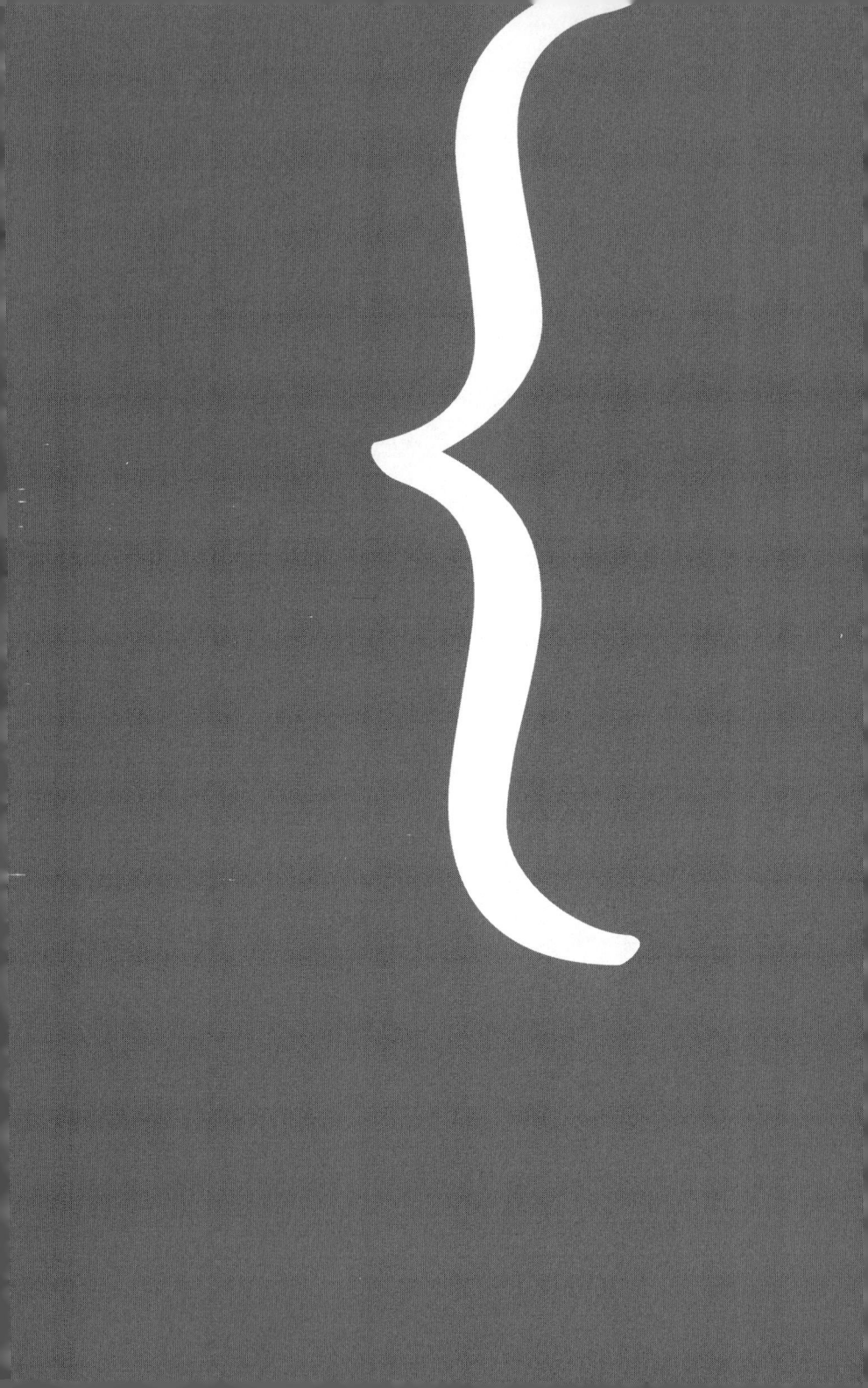

{

❰ QUANDO NOS DAMOS conta de que a fala é bem anterior à escrita e de que as culturas orais surgiram bem antes das culturas letradas, podemos estranhar o privilégio atribuído à escrita e certo desinteresse pela oralidade por parte de uma longa tradição dos estudos linguísticos. É claro que podemos entender essa questão em virtude do valor da escrita e da cultura letrada na história da civilização humana.

Marcuschi (1997, p. 134) lembra-nos, entretanto, de que é possível encontrar culturas em que a oralidade é mais prestigiada do que a escrita, contrariando a tendência de se conferir maior prestígio social à escrita, mesmo em face do fato de a oralidade ter precedência sobre as culturas letradas do ponto de vista cronológico.

Diante disso, muitos linguistas não se conformaram com o fato de a fala ficar relegada a segundo plano ou, quando estudada, ser abordada a partir da oposição e da subordinação à escrita. O resultado disso foi o florescimento dos estudos linguísticos voltados para a fala e o texto falado.

Por isso, no início deste capítulo, vamos apresentar brevemente o contexto do surgimento e do desenvolvimento dos estudos sobre a fala com base no trabalho de importantes linguistas brasileiros.

Em seguida, vamos apresentar o resultado desses estudos na forma de reflexões e análises sobre a relação entre fala e escrita. Por fim, vamos abordar as características e as propriedades do texto falado, destacando suas marcas linguísticas e extralinguísticas.

trêspontoum
Estudos sobre a fala no Brasil

Já adiantamos, no começo do segundo capítulo, que os estudos sobre a fala enfatizam a produção linguística efetiva e destacam elementos inerentes à língua oral.

Esses estudos começaram a ser desenvolvidos a partir dos anos 1960, com o trabalho de diversos "grupos de pesquisadores afiliados a várias universidades brasileiras [que] se engajaram na tarefa de documentar, descrever e refletir sobre a língua falada" (Castilho, 2000, p. 89). As pesquisas realizadas faziam jus à convicção historicamente arraigada na linguística "de que a língua falada é a manifestação primordial da linguagem e seu objeto primeiro de estudo" (Castilho, 2000, p. 89).

Mas, se desde o começo do século XX os estudos linguísticos se fortaleciam como ciência no contexto acadêmico, por que somente a partir da década de 1960 a pesquisa sobre a fala ganhou fôlego?

Uma das respostas para essa questão pode ser encontrada em uma inovação tecnológica que, talvez, possa lhe parecer estranha, principalmente se você é um nativo digital, alguém já familiarizado com o tratamento informático dos dados. Referimo-nos ao advento do gravador portátil. Isso mesmo! O gravador de voz, aliado aos laboratórios que foram montados na época, permitiu o desenvolvimento de "um programa sistemático de investigação da oralidade". A fala podia, finalmente, ser gravada ao vivo e depois transcrita para análise e estudos (Castilho, 2000, p. 89).

Entre os anos 1970 e 1980, a pesquisa sobre a fala se consolidou no Brasil. Um dos pioneiros e principais pesquisadores foi o professor Ataliba Castilho, que participou do Projeto Nurc/Brasil (Projeto da Norma Urbana Linguística Culta). Nomes que também merecem destaque nesse sentido são Luiz Marcuschi, Rodolfo Ilari, Ingedore Koch, Maria Helena M. Neves, Mary Kato, Maria Bernadete Abaurre, Dino Preti, Luiz C. Travaglia.

Desenvolvido em universidades de São Paulo, Pernambuco, Bahia, Rio de Janeiro e Rio Grande do Sul, o Nurc/Brasil contribuiu para avanços nos estudos linguísticos no país e possibilitou importantes publicações na área. O projeto teve início no Brasil em 1969, como desdobramento do mesmo projeto que começara na América Espanhola em 1967.

Outro esforço direcionado para a pesquisa da língua falada no Brasil é o Projeto de Gramática do Português Falado, que se iniciou em 1988 e resultou em uma importante obra: a *Gramática do português culto falado no Brasil*, publicada a partir de 2001 em oito volumes.

As iniciativas, os projetos e os programas de pós-graduação voltados para a pesquisa sobre a língua falada ao longo das últimas décadas no Brasil permitem, hoje, o acesso a fontes confiáveis de pesquisa e o estudo da fala e da oralidade. Você perceberá que a base teórica para o conteúdo desenvolvido neste capítulo e nos demais se encontra nos autores vinculados à recente tradição dos estudos da fala do português no Brasil.

Vamos, então, tratar diretamente do tema *fala*, abordando as características dessa modalidade de uso da língua. Faremos isso, inicialmente, a partir da relação que comumente se estabelece entre fala e escrita, para depois apontarmos as marcas linguísticas e não linguísticas da fala.

trêspontodois
Fala e escrita

Você já deve ter lido em algum livro didático ou ouvido que a fala é mais informal, espontânea, não planejada e até menos sujeita às normas da língua-padrão, enquanto a escrita é mais formal, complexa e dependente das regras da gramática normativa.

Vamos considerar, no entanto, as seguintes situações: 1) a mãe escreve um bilhete, às pressas, para a filha e o coloca na porta da geladeira; 2) um adolescente digita uma mensagem cheia de abreviações e a envia para um colega por meio de um aplicativo de mensagens instantâneas. Nesses dois casos, podemos dizer que a escrita é formal e redigida conforme a norma culta?

Levemos em conta, também, outras situações: 1) um advogado, defendendo um cliente, discursa para tentar convencer o corpo de jurados da inocência do réu; 2) o diretor executivo de uma empresa esclarece determinado tema em uma audiência pública. Devemos agora perguntar: esses dois últimos casos confirmariam a crença de que a fala é sempre informal, descuidada e não planejada?

Uma observação cuidadosa sobre o uso da língua nas diversas situações de comunicação pode revelar que a oralidade nem sempre é marcada pela informalidade e pela despreocupação com aspectos formais e gramaticais. Há diversas práticas profissionais nas quais a mediação por meio da língua oral se dá de forma planejada, estruturada e complexa.

Pense, por exemplo, na formalidade e, por vezes, no exagero retórico com que alguns operadores do direito, como advogados, promotores e juízes, manifestam seu pensamento ou conduzem seus discursos em situações públicas. Considere, ainda, a fala de um professor no contexto acadêmico ou o discurso de um executivo durante a abertura de um jantar de negócios. Essas são situações de comunicação nas quais a oralidade não faz jus à fama de modalidade ou registro linguístico marcado pelo descuido e pela informalidade.

Embora tenhamos muitos exemplos do uso da oralidade caracterizado por uma fala espontânea e informal, há diversos exemplos ou situações de comunicação nas quais isso não ocorre. Toda essa argumentação deve levá-lo a alguns questionamentos: Até que ponto é pertinente aceitar uma distinção entre oralidade e escrita que coloque essas modalidades ou esses registros em polos opostos? Por que deveríamos definir a escrita como formal e sujeita à correção gramatical e, por outro lado, a fala como informal, em que quase tudo é permitido?

Na verdade, podemos adiantar que é mais adequado compreender a oralidade e a escrita como "práticas e usos da língua com especificidades e condições distintas de realização, mas não suficientemente opostas para caracterizar dois sistemas linguísticos" (Andrade, 2011, p. 51). Essa visão, entretanto, nem sempre foi bem difundida, e é possível encontrar livros didáticos que simplificam as distinções entre fala e escrita em termos de oposições ou dicotomias muito definidas.

Fávero, Andrade e Aquino (2005, p. 9) lembram que "a escrita tem sido vista como de estrutura complexa, formal e abstrata, enquanto a fala, de estrutura simples ou desestruturada, informal, concreta e dependente do contexto". Essa visão pode conter algumas distorções.

Mas, se fala e escrita não devem ser tratadas de forma dicotômica, apesar de apresentarem distinções, qual seria a diferença entre elas?

3.2.1 Diferenças, sim; oposição, não!

A primeira distinção entre fala e escrita, que não deve implicar um antagonismo, reside no fato de que ambas são diferentes modalidades de uso da língua. Embora façam parte do mesmo sistema linguístico, apresentam marcas e fatos linguísticos distintos quando analisados.

A segunda diferença, que indevidamente poderia ser percebida como oposição absoluta entre fala e escrita, relaciona-se ao fato de que "a fala é adquirida naturalmente em contextos informais do dia a dia, [enquanto] a escrita, em sua faceta institucional, se adquire em contextos formais: na escola" (Marcuschi, 1997, p. 120). Daí a escrita ser prestigiada como um bem cultural que deve ser sempre desejado.

Outra diferença que podemos apontar é a caracterização da fala como "forma de produção textual-discursiva oral, sem a necessidade de uma tecnologia além do aparato disponível pelo próprio ser humano" (Marcuschi, 1997, p. 126). A escrita, por sua vez, "seria, além de uma tecnologia de representação abstrata da própria fala, um modo de produção textual-discursiva com suas próprias especificidades" (Marcuschi, 1997, p. 126).

Essa sensível distinção entre fala e escrita, que se encontra no modo específico como ocorre o processamento do texto oral, é explicada por Marcuschi e Koch (2002, p. 31, grifo do original) da seguinte forma: a "fala não prima pelo rigor e pela exatidão, nem pela variação de elementos lexicais na formulação textual-discursiva", uma vez que a característica "formulativa da fala reside precisamente nos processos de *repetição*". Nesse sentido, haveria "maior liberdade de iniciativa por parte de quem fala", com palavras mais curtas, texto mais longo, muitas vezes tendendo a paráfrases e prolixidades, vocabulário menos variado, entre outros aspectos (Fávero; Andrade; Aquino, 2005, p. 70).

Considerando ainda as condições de produção do texto oral como elemento que permite fazer distinções entre fala e escrita, podemos nos valer do quadro a seguir.

Quadro 3.1 – Condições de produção da fala e da escrita

Fala	Escrita
◆ Interação face a face	◆ Interação à distância (espaçotemporal)
◆ Planejamento simultâneo ou quase simultâneo à produção	◆ Planejamento anterior à produção
◆ Criação coletiva: administrada passo a passo	◆ Criação individual
◆ Impossibilidade de apagamento	◆ Possibilidade de revisão
◆ Sem condições de consulta a outros textos	◆ Livre consulta
◆ A reformulação pode ser promovida tanto pelo falante como pelo interlocutor	◆ A reformulação é promovida apenas pelo escritor
◆ Acesso imediato às reações do interlocutor	◆ Sem possibilidade de acesso imediato
◆ O falante pode processar o texto, redirecionando-o a partir das reações do interlocutor	◆ O escritor pode processar o texto a partir das possíveis reações do leitor
◆ O texto mostra todo o seu processo de criação	◆ O texto tende a esconder seu processo de criação, mostrando apenas o resultado

FONTE: Fávero; Andrade; Aquino, 2005, p. 74.

O linguista britânico David Crystal (2013, citado por Shepherd; Saliés, 2013, p. 32) defende que, apesar de a natureza dessas diferenças ser suficientemente clara, "ainda falta profundidade de detalhes sobre alguns critérios de comparação". Levando em conta o comparativo feito entre a oralidade e a escrita na internet, em que se afirma ser a linguagem da internet mais próxima da fala, ele argumenta que é "possível que um *output* x na língua A seja mais próximo da fala, enquanto na língua B seja mais próximo da escrita. Fatores culturais e diferenças na natureza do sistema da escrita podem explicar as várias preferências" (Crystal, 2013, citado por Shepherd; Saliés, 2013, p. 32).

Assim, do mesmo modo que é preciso qualificar a comparação entre a informalidade da escrita digital e os aspectos de espontaneidade e economia da fala, também se deve qualificar as distinções entre fala e escrita. Vamos, então, avançar nessa questão tratando das propriedades do texto falado.

trêspontotrês
Propriedades do texto falado

Ao se classificarem as propriedades do texto falado, é preciso lembrar mais uma vez o cuidado que se deve ter para não opor fala e escrita, como se fossem antagônicas e absolutamente distintas. Embora tenham características específicas e condições de produção diversas, a fala e a escrita não remetem a linguagens diferentes ou a modalidades dicotômicas da língua (Andrade, 2011, p. 50).

São pelo menos três as propriedades do texto falado que vamos destacar: fragmentação, situacionalidade e reiteração (Arena; Rios, 2013).

Alertamos, entretanto, que ao caracterizarmos a fala como relativamente mais fragmentada, mais dependente do contexto e marcada pela reiteração, tomamos como parâmetro a escrita ou a comparação com o texto escrito, em geral o texto literário ou mais formal.

A alusão ao texto falado, usualmente, está baseada nas conversações espontâneas ou informais, deixando de lado gêneros textuais orais mais formais ou planejados. Assim, afirmar simplesmente que o texto falado tem como propriedades a fragmentação, a situacionalidade e a reiteração sem apontar para o relativismo dessas características pode induzir a uma visão simplista e reduzida da fala.

Feitas essas observações, vamos examinar as três propriedades mencionadas.

3.3.1 Fragmentação do texto falado

Você já reparou que em conversas ou bate-papos é muito comum o uso de frases curtas, muitas vezes seguidas de pausas ou hesitações que quebram o fluxo da informação? Se essas pausas e hesitações forem exageradas, é possível que a fala do interlocutor se torne irritante ou mesmo cômica.

> ## Indicações culturais
>
> No curta *Afinação da interioridade*, do diretor Roberto Berliner, uma montagem apresenta de forma bem-humorada a fala do cantor e compositor Gilberto Gil permeada por pausas, hesitações e repetições. O vídeo pode ser visto no *site* Porta Curtas.
>
> AFINAÇÃO da interioridade. Direção: Roberto Berliner. Brasil: TV Zero, 2001. 1 min. Disponível em: <http://portacurtas.org.br/filme/?name=afinacao_da_interioridade>. Acesso em: 8 set. 2015.

Em razão de o texto das conversações ou de situações mais informais ser planejado passo a passo, enquanto é falado, ele vai sendo "construído por frases cortadas, existindo rupturas em sua construção, com frequentes repetições, tanto de palavras como de frases"(Carvalho, 2008, p. 155). Como o "processo de falar é mais acelerado do que o de escrever", essas quebras nas frases ou sequências tornam-se comuns (Carvalho, 2008, p. 155). Trata-se de uma marca muito presente no texto falado: a fragmentação.

Veja, por exemplo, a transcrição do fragmento de uma conversação: "é são ambas estudiosas mas... elas ah essa daí não::... não tem ainda *assim muita::...* éh uma... *um* objetivo a atingir sabe? agora o menino gosta muito de mecânica o:: de trezes anos né?" (Nurc-SP, citado por Fávero; Andrade; Aquino, 2005, p. 56). Na transcrição, cada sinal de reticência (...) corresponde a uma parada ou interrupção no fluxo da fala, e os quatro pontos (::) representam um alongamento de vogal ou de consoante. O trecho que está em itálico (*assim muita::... éh uma... um*) evidencia maior hesitação. Essas pausas e hesitações marcam, nesse exemplo, a fragmentação da fala, quebrando o fluxo informacional.

O truncamento na fala também é uma marca da fragmentação no texto falado. Vamos exemplificar o truncamento transcrevendo o trecho de uma conversação: "irre/éh:: de irregularidades... nas *lis/na apresentação da lista de classificação*; no no no fazer... na confecção; *houv/houv/ começaram a haver*" (Nurc-SP, citado por Fávero; Andrade; Aquino, 2005, p. 58). Na transcrição, o uso da barra inclinada (/) representa truncamento ou ruptura.

O linguista norte-americano Wallace Chafe (1982, citado por Rodrigues, 1999, p. 574) observa que "a fragmentação da língua falada se materializa em séries de unidades de ideias sem conectores". As unidades de ideias correspondem a pequenos "jatos" de informação que emitimos durante a fala e que a caracterizam. Essas unidades de ideias são, com certa frequência, "introduzidas por conjunções coordenadas, sendo o 'e' a mais comum" (Chafe, 1982, citado por Rodrigues, 1999, p. 574).

Indicações culturais

Boa síntese das ideias de Wallace Chafe sobre as características da fala pode ser encontrada no artigo "A natureza das modalidades oral e escrita", de José Mario Botelhos.

BOTELHO, J. M. A natureza das modalidades oral e escrita. In: CONGRESSO NACIONAL DE LINGUÍSTICA E FILOLOGIA, 9., 2005, Rio de Janeiro. Cadernos do CNLF. Rio de Janeiro: CiFEFiL, 2005. p. 30-42. v. IX. n. 3, Tomo 2: Filologia, Linguística e Ensino. Disponível em: <http://www.filologia.org.br/ixcnlf/3/03.htm>. Acesso em: 8 set. 2015.

Assim, é típica da fala a construção do texto oral por meio desses pequenos "jatos" de informação, que resultam em um conjunto de fragmentos que, proferidos em sequência, acabam compondo "a totalidade da informação veiculada" (Arena; Rios, 2013, p. 58).

3.3.2 Situacionalidade do texto falado

"A porta está aberta!"

Quem nunca ouviu essa frase ser pronunciada por um professor, às vezes com certa ironia e irritação, diante da reclamação ou do comentário de um aluno? Em minha memória (ou imaginação!), essa frase se revestia de mais significado diante do braço estendido do professor com o dedo em riste apontando para a porta. O sentido poderia ser simplesmente: "Pode sair, não tem ninguém trancando você aqui dentro".

Suponha, contudo, que a mesma frase seja dita pelo professor, em uma manhã chuvosa e fria, diante do seguinte comentário de um aluno: "*Tá* muito frio aqui dentro". Ao responder "A porta está aberta", com um tom de voz mais baixo, o braço ligeiramente estendido em direção à porta entreaberta, com a palma da mão virada para cima e franzindo as sobrancelhas, o professor talvez esteja oferecendo uma explicação para o frio que o aluno sente ou indicando que é preciso fechar a porta.

Poderíamos dar outros exemplos para diferentes sentidos atribuídos à mesma frase ("A porta está aberta"), evidenciando que o contexto é muito importante para atribuir sentido a um texto, principalmente o falado, como fazem McCleary e Viotti (2009), Cançado (2005), Costa Val (1997), entre outros.

O valor do contexto no sentido ou significado do que dizemos e ouvimos está relacionado à segunda propriedade do texto falado: a situacionalidade. Isso não significa que o contexto seja importante para atribuição de sentido ao texto somente na fala. Na verdade, todo texto remete a um contexto.

O que se destaca nos textos falados é a maior dependência do contexto ou da situação em que são produzidos, estando mais "apoiados no contexto comunicativo em que são elaborados" (Arena; Rios, 2013, p. 59). A dependência da situação ou do contexto no texto falado deve ser, então, relativizada, não se confundindo com uma oposição absoluta ao texto escrito, como se este fosse completamente independente do contexto. Na verdade, "quando se diz algo [pela escrita ou pela fala], alguém o diz de algum lugar da sociedade para outro alguém também de algum lugar da sociedade e isso faz parte da significação" (Orlandi, 2011, p. 26).

Tanto a escrita quanto a fala podem remeter ao contexto histórico-social ou à situação em diferentes níveis ou graus. O que notamos no texto falado é a recorrência maior a elementos não linguísticos e pertencentes ao contexto.

Vamos analisar a transcrição de uma conversa, em uma situação discursiva informal, para identificar exemplos de marcas conversacionais que apontam para o contexto ou a situação.

> L2... acho que meu conhecimento de São Paulo é muito restrito se comparar com papai por exemplo...
> L1 eu fui:: quinta-feira... não foi terça-feira à noite fui lá no ( ) né? lá na Celso Furtado
> L2 éh::
> L1 passei ali em frente à:: Faculdade de Direito... então estava lembrando... que eu ia muito lá quando tinha sete nove onze... (com) a titia sabe?... e:: está muito pior a cidade

FONTE: Nurc-SP, citado por Fávero; Andrade; Aquino, 2005, p. 19.

Como se trata de uma transcrição, é bom lembrar que as reticências indicam pausa, os quatro pontos representam alongamento de vogal, os parênteses correspondem a alguma palavra que não foi bem compreendida na transcrição e o uso de L1 e L2 designa os dois locutores (L1 é um engenheiro de 26 anos e irmão de L2, uma psicóloga de 25 anos).

No trecho transcrito, podemos notar várias referências a um contexto compartilhado pelos dois participantes: alusões a membros da família (*papai, titia*), a lugares da cidade em que vivem (*São Paulo,* [*Rua*] *Celso Furtado, Faculdade de Direito*) e a determinados tempos ou períodos (*terça-feira à noite, quando tinha sete nove onze*). Também há referência a elementos do contexto por meio do uso de alguns marcadores, como advérbios (*lá, ali em frente*).

Antes de avançarmos para a terceira propriedade do texto falado, devemos ponderar que o contexto interfere nele e é dinamicamente alterado pela fala. Aquino (2000, p. 11) lembra que "os falantes não estão simplesmente envolvidos em um contexto, mas o constroem ativamente".

Nessa perspectiva interacionista, fundamentada teoricamente em Goodwin e Goodwin (1992, citado por Aquino, 2000, p. 11), a fala "modela, expande e muda o contexto em uma complexa articulação colaborativa na qual os participantes estão envolvidos, especialmente quando ocorre conflito". Assim, o falante conduz seu discurso atendendo a seus propósitos, por isso "a estrutura da conversação faz com que os falantes detectem o encaminhamento em termos de compreensão do texto que estão formulando, bem como observem o sentido apreendido por seu interlocutor" (Goodwin; Goodwin, 1992, citado por Aquino, 2000, p. 11).

3.3.3 Reiteração no texto falado

A terceira propriedade do texto falado, a reiteração, está relacionada com a necessidade de reforçar ou repetir para nosso interlocutor algo que estamos expondo, já que ele não dispõe de um registro visual do que acabamos de dizer, como acontece nos textos escritos.

Esse reforço está associado não somente com "a necessidade de clareza, ênfase e convencimento como também com a preocupação em relação ao interlocutor, com sua capacidade de memorização de informações em curto prazo" (Arena; Rios, 2013, p. 61).

A reiteração pode ocorrer, também, por meio de um processo chamado *ressonância*, quando empregamos recursos linguísticos já utilizados por nossos interlocutores para que nossa fala "ressoe" a fala do outro, "repetindo e reiterando o que foi dito imediatamente por outro" (Arena; Rios, 2013, p. 61).

A paráfrase, por meio da qual reformulamos um enunciado anterior que é retomado a partir de uma relação de equivalência semântica, também contribui para a reiteração como característica do texto falado. Nesse sentido, as correções que realizamos durante a fala também se caracterizam como um tipo de reiteração, já que por meio delas retomamos e reformulamos algo que dissemos e que consideramos errado ou falho (Fávero; Andrade; Aquino, 2005, p. 59, 63).

Veja, a seguir, um exemplo de repetição no trecho de uma conversa transcrita. Antes, duas observações: os termos em itálico referem-se ao processo de repetição e o uso de maiúsculas indica uma tonalidade enfática.

> L1 você acha que... *desenvolvimento* é BOM ou é ruim?
> L2 *desenvolvimento* em que sentido?
> L1 *crescimento*... o Brasil diz-se basicamente *subdesenvolvido* e diz-se também que ele está *crescendo... se desenvolvendo* parece que está saindo de uma... condição de *subdesenvolvimento* para chegar sei lá em um condição de *desenvolvido*... okay? uma::um caminho
> L2 ahn ahn
> L1 agora PE::gue... os indivíduos... desse país... é melhor ou pior para eles isso?
> L2 não sei porque acho que aí quando se fala em *desenvolvimento* geralmente está se falando em um plano material né?

FONTE: Nurc-SP, citado por Fávero; Andrade; Aquino, 2005, p. 61.

Nesse exemplo, L2 pede um esclarecimento sobre o termo *desenvolvimento*, que é retomado por L1 com base em uma relação estabelecida por ele com o termo *crescimento*. A repetição se dá "entre a pergunta feita por L1 e o pedido de esclarecimento de L2", além das repetições por meio de paráfrase (quando L1 expande a noção de desenvolvimento) e da retomada do termo *desenvolvimento* na fala final de L2 (Fávero; Andrade; Aquino, 2005, p. 61-62).

As três propriedades do texto falado expostas até aqui serão revistas em outra abordagem no próximo capítulo, quando trataremos dos gêneros textuais orais e suas características.

Antes, contudo, precisamos abordar outro aspecto fundamental da fala: os elementos considerados não linguísticos que caracterizam os fenômenos da oralidade, como os elementos prosódicos (entonação, ritmo e velocidade da fala) e gestuais.

trêspontoquatro
Elementos extralinguísticos da fala

Você já se imaginou falando sem variar sua expressão fisionômica e sem realizar movimentos corporais além daqueles relacionados à emissão da voz? Se conseguiu imaginar, é bem provável que a imagem criada seja um tanto esquisita.

Uma fala sem gestual pode se tornar pouco expressiva e carente de elementos de persuasão e motivação. Da mesma forma, se falarmos sem variar o tom da voz, com certa monotonia, em ritmo e velocidade inadequados, teremos uma fala desagradável e desmotivadora.

Tudo isso mostra a importância de estudarmos a fala levando em conta não apenas os elementos verbais, mas também os não linguísticos ou não verbais, uma vez que o texto falado é multimodal, ou seja, composto desses diferentes elementos.

Nos quadros a seguir, você pode verificar alguns elementos não linguísticos que evidenciam a multimodalidade do texto oral, com base em abordagens que diferem ligeiramente entre si.

QUADRO 3.2 – ELEMENTOS NÃO VERBAIS

Paralinguagem	Cinésica	Proxêmica	Tacênica	Silêncio
• Sons emitidos pelo aparelho fonador, mas que não fazem parte do sistema sonoro da língua usada (assobios, sons onomatopaicos etc.)	• Gestos • Postura • Expressão facial • Olhar • Riso	• A distância mantida entre os interlocutores	• O uso de toques durante a interação	• Ausência de construções linguísticas e de recursos da paralinguagem

FONTE: Steinberg, 1988, p. 3.

O segundo quadro apresenta os elementos não linguísticos acrescidos de outros aspectos do contexto.

Quadro 3.3 – Meios não linguísticos da oralidade

Meios paralinguísticos	Meios cinésicos	Posição dos locutores	Aspecto exterior	Disposição dos lugares
♦ Qualidade da voz ♦ Melodia ♦ Elocução e pausa ♦ Respiração ♦ Risos ♦ Suspiro	♦ Atitudes corporais ♦ Movimentos ♦ Gestos ♦ Troca de olhares ♦ Mímicas faciais	♦ Ocupação de lugares ♦ Espaço pessoal ♦ Distâncias ♦ Contato físico	♦ Roupas ♦ Disfarce ♦ Penteado ♦ Óculos ♦ Limpeza	♦ Lugares ♦ Disposição ♦ Iluminação ♦ Disposição das cadeiras ♦ Ordem ♦ Ventilação ♦ Decoração

FONTE: Schneuwly; Dolz, 2004, p. 160.

Esses quadros servem para oferecer uma panorâmica dos elementos que não são estritamente verbais ou linguísticos no texto falado. Não estamos preocupados em eleger o mais correto ou optar por um deles. O que queremos é evidenciar os possíveis elementos extralinguísticos que se articulam ou estão ligados aos elementos verbais da fala para que a comunicação oral se realize.

Aqui, destacaremos basicamente o gestual, que corresponde aos elementos cinésicos (movimentos do corpo), e os elementos prosódicos (entonação, velocidade e ritmo da fala).

3.4.1 Elementos cinésicos: gestual

Cinésica é um ramo da semiótica que estuda os movimentos corporais na condição de linguagem ou código extralinguístico, como expressões fisionômicas, movimentos das mãos e postura corporal. Não vamos nos aprofundar nesse estudo, apenas queremos chamar sua atenção para o papel ou lugar do gestual no texto falado.

Você sabe que não falamos somente por meio da boca, mas com todo o corpo. Muitas vezes o que dizemos é desmentido por aquilo que o corpo fala. Outras vezes, deixamos escapar certo conflito ou contradição entre o que revelamos com palavras e o que dizemos por meio da expressão fisionômica e da postura corporal. Por isso, não é adequado dar uma notícia triste com uma expressão alegre ou descontraída, do mesmo modo que não é pertinente dizer palavras de encorajamento para alguém e apresentar uma postura de desânimo e derrota. É importante lembrarmos que "considerar a oralidade é, muitas vezes, necessariamente, considerar *a percepção visual* que se tem do outro e que o outro tem de nós" (Bentes, 2010a, p. 134, grifo do original).

Se tomarmos a sala de aula como local privilegiado para a observação do papel do gestual na fala, por exemplo, poderemos constatar a importância dos aspectos cinésicos na fala tanto do professor quanto dos alunos.

Não é difícil encontrar alunos que, ao falarem com o professor, fazem gestos e movimentos corporais que denunciam certa timidez, insegurança e receio ou alunos que, ao lerem um simples texto diante dos colegas, evitam olhá-los, mantendo "os olhos fixos no papel, lendo o texto de cabeça baixa e, muitas vezes, com o rosto tapado pela folha de papel ou pela aba do boné usado" (Bentes, 2010a, p. 134-135). Também podemos nos lembrar de professores que expressam autoritarismo por meio de postura arrogante ou, em contrapartida, podemos recordar os gestos de atenção e interesse de mestres que nos cativaram com seu cuidado e saber.

Como alguém já disse, o corpo fala. Então, precisamos reconhecer que o jogo fisionômico (movimento dos olhos, elevação ou contração das sobrancelhas, movimento dos lábios e da boca), os movimentos da cabeça, dos braços e das mãos e a postura corporal como um todo integram nossa fala e contribuem para o sentido daquilo que dizemos (Câmara Júnior, 1997, p. 22).

3.4.2 Elementos prosódicos: tonalidade, articulação, ritmo e velocidade da fala

Os aspectos prosódicos da fala, como velocidade e ritmo, entonação e qualidade da voz, começam a ser manipulados já nos primeiros anos de vida, enquanto ocorre a aquisição da língua. Na verdade, "a criança aprende, desde cedo, por exemplo, que a mudança de tom de voz da mãe e/ou do pai sinaliza diferenças nas atitudes deles para com ela" (Bentes, 2010a, p. 132). Essas observações podem nos ajudar a reconhecer a importância dos elementos prosódicos que vamos rapidamente abordar.

O primeiro deles é a entonação. O tom pode ser descrito como um tipo de "jogo de altura e força de emissão dos sons da fala" (Câmara Júnior, 1997, p. 19). A entonação adequada se dá com o equilíbrio entre sons graves, agudos e médios, em função do ambiente em que se fala e do sentido daquilo que se quer expressar, evitando a monotonia (fala de único tom).

Assim, nosso tom de voz pode aumentar "ao pronunciarmos palavras de grande importância na frase (ênfase)" (Câmara Júnior, 1997, p. 19) ou ao atribuirmos sentido inesperado ou fora da acepção usual para determinada expressão. De modo equivalente, o tom pode variar para exprimir, por exemplo, a mudança de estado de espírito de quem fala, em função do conteúdo da exposição ou das emoções do expositor (Câmara Júnior, 1997, p. 19).

A articulação é outro aspecto a ser destacado, pois na emissão dos sons durante a fala é preciso pronunciar "as palavras com uma articulação adequada, sem frouxidão e sem falta de nitidez nos movimentos bucais" (Saldanha, 2010, p. 322). A qualidade da voz está relacionada, em parte, ao modo como articulamos os sons, por isso, quando falamos com desleixo na emissão do som, muitas palavras podem soar de forma confusa (Saldanha, 2010, p. 322).

Vamos agora tratar do ritmo e da velocidade da fala.

Você já reparou que, quando falamos, não emitimos sons de forma contínua e frequente? Fazer isso seria inviável, porque precisamos respirar e, também, fazer pausas que se ajustam ao fluxo do pensamento, ao sentido do que estamos falando e à necessidade de os ouvintes acompanharem adequadamente o que falamos.

As pausas contribuem para o ritmo adequado da fala, permitindo que desenvolvamos determinado pensamento à medida que falamos e que nosso interlocutor acompanhe, sem muita dificuldade, aquilo que estamos expondo. Além disso, algumas pausas durante a fala podem servir para dar certo suspense a algo que vamos enunciar ou, ainda, para dar ênfase a uma palavra ou expressão que queremos destacar (Saldanha, 2010, p. 324).

As pausas contribuem, assim, para ajustar a cadência e a velocidade da fala ao processo de comunicação e à interação por meio da palavra oral. Nesse sentido, há questões de ordem prática. Uma delas é a necessidade do balanço rítmico da fala, que permite uma comunicação clara e passível de ser acompanhada pelos ouvintes. Outra diz respeito à conveniência de falarmos sem rapidez excessiva ou lentidão desmotivadora, pois nesses casos a adesão ou o interesse do ouvinte ao que estamos falando ficam comprometidos (Câmara Júnior, 1997; Saldanha, 2010).

Síntese

Ao final deste capítulo, lembramos que todas as observações e reflexões feitas aqui nos remetem, em certa medida, aos estudos linguísticos voltados para a fala. Como vimos inicialmente, o surgimento e o desenvolvimento desses estudos permitiram a abordagem da fala como modalidade de uso da língua e, também, como prática social. Nesse sentido, observamos que a fala não se opõe à escrita, apesar de haver distinções entre as duas modalidades.

Também vimos as propriedades do texto falado, tomando como parâmetro a escrita e caracterizando a fala como relativamente mais fragmentada, mais dependente do contexto e marcada pela reiteração. Assim, fala e escrita se situariam em um *continuum* de características em que o texto oral se localizaria mais próximo da extremidade marcada por fragmentação, situacionalidade e reiteração. Além disso, ressaltamos que os elementos extralinguísticos também distinguem a fala, destacando-se o gestual, a entonação, a articulação, o ritmo e a velocidade da fala.

Atividades de autoavaliação

1. Considerando-se as condições de produção do texto oral, a fala apresenta distinções em relação à escrita. Uma delas é:
a. a interação a distância.
b. a interação face a face.
c. a falta de possibilidade de acesso imediato às reações do interlocutor.
d. a tendência do autor a esconder o processo de criação do texto, mostrando apenas o resultado.

2. Entre as propriedades do texto falado, não podemos incluir:
a. a fragmentação.
b. a reiteração.
c. a situacionalidade.
d. a descontextualização.

3. A reiteração pode ocorrer na fala:
a. por meio da ressonância ou da repetição.
b. evitando-se as paráfrases.
c. eliminando-se repetições ou reformulações.
d. suprimindo-se as correções.

4. Os elementos extralinguísticos na fala devem ser corretamente identificados com:
a. os elementos cinésicos e prosódicos.
b. os elementos verbais.
c. a linguagem visual e gráfica.
d. a dimensão unimodal da fala.

5. A entonação, a velocidade e o ritmo da fala correspondem:
a. aos elementos cinésicos.
b. aos elementos prosódicos.
c. aos elementos estritamente linguísticos.
d. aos aspectos não expressivos da língua oral.

Atividades de aprendizagem

Questão para reflexão

Uma boa atividade para tomarmos consciência das propriedades do texto falado é observar a própria fala e refletir sobre ela. Se você tem algum arquivo de vídeo ou áudio no qual há uma gravação de sua fala, tente identificar as pausas, as hesitações, os truncamentos, os alongamentos e outras marcas que indicam, por exemplo, a fragmentação do texto falado. Caso não tenha uma gravação disponível, que tal ter o consentimento de um amigo ou familiar e registrar um bom bate-papo ou um encontro em que vocês troquem algumas palavras?

Atividade aplicada: prática

Você já leu ou ouviu falar sobre comunidades ou sociedades ágrafas? Já pensou em aprender sobre o assunto e saber onde e como vivem? Faça uma busca na internet e elabore uma pequena lista de comunidades ágrafas, bem como de suas principais características, incluindo localidade em que residem, nome da língua que utilizam, características socioculturais que apresentam etc.

{

um Linguagem humana e fala: origens e conceitos
dois Oralidade em questão
três Fala, escrita e elementos do texto oral
 # quatro Gêneros orais e práticas sociais
cinco Oralidade na escola
seis Fala e variações linguísticas

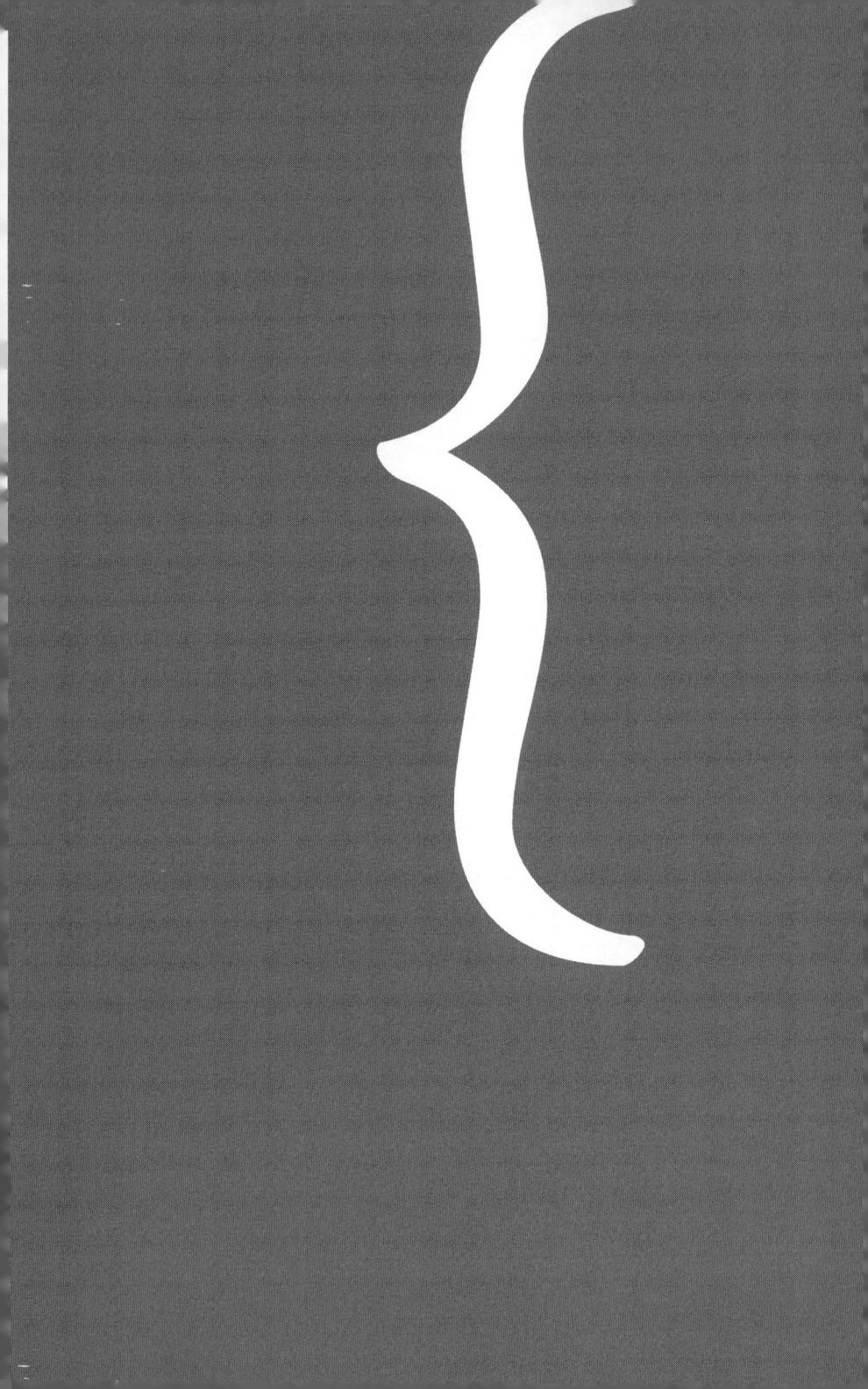

❰ QUEM NUNCA PARTICIPOU de uma boa conversa sobre um assunto interessante ou se envolveu em um despretensioso bate-papo com os amigos? Conversar faz parte da vida, de nossas relações sociais, sejam conversas informais, sejam conversas com certa formalidade e algum protocolo.

É por meio de uma conversa que, muitas vezes, resolvemos conflitos, realizamos bons negócios, conquistamos adesão a ideias e projetos, iniciamos uma amizade ou, simplesmente, desfrutamos da companhia de alguém.

Se a conversação é algo tão comum e está vinculada ao uso que fazemos da língua oral em nossas práticas sociais, vale a pena prestarmos mais atenção a esse gênero e estudá-lo com cuidado. Por isso, neste capítulo, vamos abordar a importância do estudo da conversação no contexto dos estudos linguísticos sobre os gêneros textuais orais.

Para atingirmos esse objetivo, vamos apresentar, primeiramente, os principais gêneros textuais orais e suas características. Depois, vamos tratar com mais atenção da conversação como gênero textual. Vamos identificar os diversos tipos de conversação, trabalhar seus elementos constitutivos, oferecer orientações sobre métodos e técnicas de transcrição de conversações e, finalmente, estabelecer relações entre a conversação e diversas práticas sociais.

quatropontoum
Tipos de gêneros textuais orais

Você sabia que ainda há quem se surpreenda com o uso do termo *texto* para além dos limites da escrita?

Expressões como *texto imagético*, *texto visual* ou mesmo *texto oral* acabam causando estranhamento naqueles que nem sempre se dão conta de que um texto pode ser construído e constituído por linguagens diversas. Por isso, podemos falar em texto oral, assim como podemos nos referir ao texto escrito.

Ao considerarmos a oralidade como prática social, devemos perceber que ela se manifesta sob formas ou gêneros textuais variados, que "vão desde o mais informal ao mais formal e nos mais variados contextos de uso" (Marcuschi, 1997, p. 126).

Vamos retomar algumas propriedades da fala para caracterizar e identificar tipos de gêneros textuais orais.

Andrade (2011, p. 51), considerando "os componentes que fazem parte da situação comunicativa" e as condições de produção do texto oral, destaca as seguintes características para a fala: "interação face a face (os interlocutores estão nos mesmos espaço físico e tempo); planejamento simultâneo ou quase simultâneo à execução; acesso imediato à reação do ouvinte; possibilidade de redirecionar o texto, posteriormente" (Andrade, 2011, p. 51).

Essas características contrastam com as do texto escrito, em uma relação entre fala e escrita na qual as condições de produção de cada texto apontam para suas peculiaridades. As características do texto escrito seriam: "interação a distância (tanto no espaço quanto no tempo); planejamento anterior à execução; não há possibilidade de resposta imediata; o escritor pode modificar o texto a partir das possíveis reações do leitor" (Andrade, 2011, p. 51-52).

Com base nessas características, poderíamos listar, também, alguns exemplos de gêneros textuais escritos e orais:

> *Oral:* conversação espontânea, conversação telefônica, entrevistas pessoais, entrevistas no rádio ou na TV, debate, noticiário de rádio ao vivo, noticiário de TV ao vivo, aula, exposição acadêmica, conferência etc.
>
> *Escrito:* bilhete, carta familiar, cartas ao leitor, entrevistas, volantes de rua, notícias de jornal, telegrama, ata de reunião, carta comercial, narrativas, editorial de jornal, manuais escolares, bulas, receitas em geral, artigo científico, leis, relatórios técnicos, textos acadêmicos etc. (Andrade, 2011, p. 52, grifo do original)

Destacando os gêneros textuais orais, poderíamos classificá-los em: a) língua falada prototípica, representada pelo gênero conversacional face a face, e b) língua falada não prototípica, que inclui entrevistas no rádio, na televisão ou via *web*, conversas telefônicas, aulas, palestras, entre outras (Marcuschi; Dionísio, 2005).

Outra forma de apresentar esses gêneros orais seria por meio do diagrama reproduzido a seguir.

FIGURA 4.1 – DIAGRAMA DOS GÊNEROS ORAIS

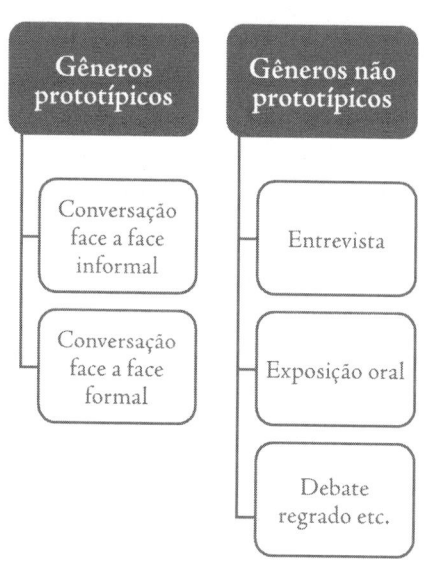

```
Gêneros prototípicos
├── Conversação face a face informal
└── Conversação face a face formal

Gêneros não prototípicos
├── Entrevista
├── Exposição oral
└── Debate regrado etc.
```

FONTE: Elaborado com base em Heine, 2012, p. 201.

A conversação em uma relação face a face é chamada de *prototípica* porque seria a "primeira das formas de linguagem a que estamos expostos e provavelmente a única da qual nunca abdicamos pela vida afora" (Marcuschi, 1986, p. 14).

Conforme comentamos na introdução deste capítulo, a conversação é algo muito comum e se constitui em uma atividade linguística básica, já que ela "integra as práticas diárias de qualquer cidadão, independentemente de seu nível sociocultural" (Castilho, 2004, p. 29).

Entre as características do texto falado prototípico, podemos destacar os seguintes traços: a) ocorre "situação comunicativa face a face entre os interlocutores, sendo localmente construída", com incidência de descontinuidades ("hesitações, interrupções, correções, parafraseamentos, inserções, segmentações, elipses, entre outros fatos"); b) dá-se a alternância de turnos conversacionais, ou seja, locutores e interlocutores se alternam no uso da palavra; c) há uso de repetições como um "processo de edição" da fala (Heine, 2012, p. 203-204).

Os demais gêneros orais são, majoritariamente, formais e públicos, recebendo maior atenção na escola. Neles, o mais comum é o locutor falar para vários interlocutores, geralmente desconhecidos. Apesar de a oralização ser imediata, são recorrentes o planejamento e a preparação que antecedem a fala. Desse modo, a elaboração prévia caracterizaria esses gêneros orais, ainda que ocorram improvisações muito comuns ao ato da fala (Farias, 2009, p. 32).

Convém lembrarmos que o gênero oral é multimodal, ou seja, além dos elementos ou aspectos linguísticos, outros códigos e elementos estão presentes nele, como os prosódicos e a gestualidade. Isso significa que precisamos considerar o tom de voz, o ritmo e a velocidade da fala, a expressão fisionômica, os gestos, entre outros aspectos, ao trabalhar ou analisar os diversos gêneros orais.

Devemos deixar claro, também, que entendemos como gênero oral "aquele que tem como suporte a voz humana (vista como a característica particular que tem o som produzido pelo aparelho fonador) e que foi produzido para ser realizado oralmente, utilizando-se a voz humana, independentemente de ter ou não uma versão escrita" (Travaglia, 2013, p. 4).

Apesar de esses elementos comuns permitirem falar em gênero oral, devemos reconhecer que "há pouca coisa em comum entre a *performance* de um orador e a conversa cotidiana; [...] entre uma aula dada e uma explicação em uma situação de interação imediata; entre a narração de um conto em sala de aula e o relato de uma aventura no pátio no recreio" (Schneuwly; Dolz, 2004, p. 17).

A seguir, vamos apresentar algumas observações sobre os gêneros textuais orais não prototípicos.

quatropontodois
Gêneros textuais orais não prototípicos

Não vamos oferecer uma descrição de todos os tipos de gêneros orais classificados como prototípicos. Para o presente livro, selecionamos a entrevista, a exposição oral, o debate regrado e a encenação ou representação teatral em função de seu aproveitamento e uso no contexto escolar em atividades de ensino-aprendizagem de língua.

> ## Indicações culturais
>
> O breve artigo "Gêneros orais: conceituação e caracterização", de Luiz Carlos Travaglia, apresenta uma lista de gêneros orais, além de reflexões sobre os gêneros textual e oral.
>
> TRAVAGLIA, L. C. Gêneros orais: conceituação e caracterização. In: SIMPÓSIO NACIONAL E INTERNACIONAL DE LETRAS E LINGUÍSTICA – SILEL, 14., 2013, Uberlândia. Anais do Silel. Uberlândia: Edufu, 2013. v. 3, n. 1. Disponível em: <http://www.ileel.ufu.br/anaisdosilel/wp-content/uploads/2014/04/silel2013_1528.pdf>.

Entrevista

Caracteriza-se por um diálogo conduzido pelo entrevistador, ainda que com a participação e os possíveis redirecionamentos do entrevistado, visando oferecer informações para um público ou propósito específico.

Podemos definir a entrevista em função da atuação de "um entrevistador que põe questões, faz perguntas a um entrevistado que deve ter determinadas qualificações desejadas pelo entrevistador conforme seus objetivos" (Travaglia, 2013, p. 6). A entrevista pode ocorrer em diversas esferas da atividade humana em sociedade, com especificações distintas.

São exemplos de entrevistas: de emprego; de entretenimento, com personalidades, para TV, rádio ou mídias digitais; jornalística; para pesquisa científica; para pesquisa de opinião etc.

Exposição oral

Gênero bastante abrangente, que abarca diversos gêneros ou atividades e diferentes situações e ambientes de interação social, a exposição oral caracteriza-se por fala geralmente mais formal e com o propósito de expor determinado tema ou assunto.

As exposições orais podem incluir atividades como conferências, aulas, palestras, seminários, sermões, apresentações em reuniões etc. Entre estas, o seminário é uma das atividades mais exploradas no contexto escolar para se trabalhar a exposição oral com os alunos e, claro, para o desenvolvimento e a apresentação de conteúdos e trabalhos escolares em geral.

Debate regrado

Trata-se de gênero oral de natureza opinativa e inserida nas práticas sociais mediadas pela oralidade. Caracteriza-se por uma ação social cujo fundo é "uma discussão entre as partes com base em argumentos ou exposição de razão", com o objetivo de "compreender um tema controverso [...], defender ou formar opiniões, entre outros" (Barros; Rosa, 2012, p. 1).

O debate pode ocorrer em diversas esferas comunicativas, em diferentes graus de formalidade e distintas regras de funcionamento. Em situações de quase ausência de regras formais, podemos mencionar como exemplo as discussões informais cotidianas sobre temas diversos. Já o debate regrado pode ser exemplificado por práticas que ocorrem "no espaço jurídico, no campo da política, na mídia televisiva, bem como no domínio escolar" (Barros; Rosa, 2012, p. 1).

Entre essas práticas ou atividades relacionadas ao gênero debate, podemos destacar o júri simulado e a mesa-redonda, embora haja autores que os tomem como gêneros, e não como atividades.

Encenações ou representações (teatro)
Podem ser consideradas um gênero oral, partam elas de um texto escrito cujo objetivo é a encenação oral ou de improvisações que prescindam da escrita.

A encenação de textos teatrais insere-se na esfera do entretenimento ou das atividades orais relacionadas ao contexto literário. O teatro também está na categoria dos gêneros orais que se caracterizam por exposições públicas, associado a atividades culturais, sociais e mesmo escolares.

Vamos retomar esses gêneros no Capítulo 5, quando abordarmos algumas atividades pertencentes a gêneros orais no contexto escolar.

quatropontotrês
Gênero textual oral prototípico: conversação e seu estudo

Começamos nossas considerações sobre a conversação definindo que ela "representa o intercurso verbal em que dois ou mais participantes se alternam, discorrendo livremente sobre tópicos propiciados pela vida diária, fora de ambientes institucionais como o serviço religioso, as audiências de um tribunal, as salas de aulas etc." (Castilho, 2004, p. 29).

Fávero, Andrade e Aquino (2005, p. 15) definem a conversação "como atividade na qual interagem dois ou mais interlocutores que se alternam constantemente, discorrendo sobre temas próprios do cotidiano".

A conversação pode ser caracterizada, conforme Emanuel Schegloff (1981, p. 73, citado por Fávero; Andrade; Aquino, 2005, p. 16), com base em três elementos principais: "realização (produção), interação e organização (ordem)". Assim, ela deve ser considerada "um processo que se realiza continuamente durante a interação e só assim é identificável".

Qual seria, então, a condição prévia e necessária para a conversação? Podemos responder a essa pergunta afirmando que a condição fundamental para a conversação é "que duas ou mais pessoas manifestem a intenção de entrar em contato" (Castilho, 2005b).

Uma implicação dessa condição é o princípio da cooperação que se manifesta na conversação, pois "cada participante reconhece um propósito comum ou um conjunto de propósitos, ou, no mínimo, uma direção mutuamente aceita" nas práticas discursivas conversacionais (Grice, 1967, p. 86, citado por Castilho, 2004, p. 10).

Vamos agora tratar do estudo da conversação como um gênero textual oral.

Estudar conversas pode ser uma forma de aprender sobre nossa própria língua. O professor Ataliba Castilho chama a atenção para a importância da conversação no estudo da língua portuguesa, defendendo até mesmo que as reflexões sobre o idioma poderiam começar exatamente pela conversação, aproveitando a abundância e a gratuidade de material conversacional. Desse modo, "as observações sobre o funcionamento e a estrutura do Português" iriam além dos aspectos gramaticais formais da tradição escolar (Castilho, 2005b).

Para que isso ocorra, é preciso desenvolver uma prática de observação de conversações espontâneas, que acontecem no cotidiano.

Como uma espécie de roteiro para verificar os mecanismos presentes na produção de uma conversa, Castilho (2005 b) propõe sete perguntas a serem consideradas no estudo da conversação, reformuladas aqui da seguinte forma:

1. Quais motivos levam as pessoas a conversar?
2. Quais procedimentos ou rotinas são estabelecidos em nossa cultura para se conduzir uma conversa?
3. Como ocorre a troca de turno ou o jogo interpessoal durante a conversação com base em regras sociais?
4. De que modo o assunto da conversação é elaborado?
5. Quais recursos linguísticos são utilizados de forma mais habitual para iniciar, manter ou finalizar uma conversa?
6. Quais "esquemas de poder" ou correlações de força aparecem em uma conversação com base nas táticas ou estratégias de convencimento e argumentação?
7. Quais são os tipos de conversação?

Vamos procurar tratar dessas questões nos próximos tópicos deste capítulo. Antes, porém, lembramos que elas constituem um roteiro para o estudo sobre a conversação e, portanto, devem ser respondidas integrando-se teoria e prática.

Uma forma de respondê-las é gravar, transcrever e analisar conversas informais. De certo modo, esse é o procedimento básico utilizado para os estudos e as reflexões sobre a língua a partir da fala.

Por isso, levando em conta a atividade prática que propomos ao final do capítulo e as questões que foram colocadas, vamos apresentar algumas orientações sobre gravação e transcrição de conversação.

4.3.1 Gravação e transcrição de conversas

Gravar uma conversa hoje em dia é muito fácil, já que dispomos de celulares com aplicativos que nos auxiliam nessa tarefa.

O ideal é gravar uma conversação livre, na qual os participantes fiquem à vontade para falar com naturalidade, podendo ser feita em casa, na faculdade, no trabalho ou mesmo em locais públicos sem muito ruído. Se a gravação acontecer sem que os participantes saibam, será melhor, desde que depois eles deem consentimento para uso do material gravado. Se a gravação tiver o consentimento prévio, é importante conduzir a conversa ou entrevista de modo que as pessoas fiquem bem à vontade para usarem uma linguagem coloquial (Castilho, 2005b).

Os assuntos explorados na conversa gravada devem ser interessantes e motivar os participantes, podendo incluir gosto e preferências por músicas e filmes, relatos de experiências marcantes, questões relacionadas a temas polêmicos etc.

Uma etapa importante após o registro ou a gravação de uma conversa é a transcrição da conversação. Essa atividade requer cuidado e técnica, pois é preciso registrar marcas próprias da oralidade. Lembre-se de que algumas dessas marcas já foram vistas quando estudamos, no capítulo anterior, as propriedades do texto falado. Outras marcas da oralidade serão apresentadas nos próximos tópicos deste capítulo.

O quadro a seguir ajuda a identificar as marcas da oralidade na transcrição de uma conversa. Ele foi elaborado com base nas normas para transcrição do Projeto Nurc-SP.

QUADRO 4.1 – SÍMBOLOS PARA TRANSCRIÇÃO DE CONVERSAÇÃO ADOTADOS NO PROJETO NURC-SP

Símbolo	Significado	Exemplos
...	Qualquer pausa	são três motivos... ou três razões... que fazem com que se retenha moeda... existe uma... retenção
/	Ruptura, truncamento	e comé/ e reinicia
( )	Palavras ou segmentos incompreendidos	do nível de renda... ( ) nível de renda nominal...
(hipótese)	Hipótese do que se ouviu	(estou) meio preocupado (com o gravador)
((minúsculas))	Comentários descritivos	((tossiu))
[ligando linhas	Superposição ou simultaneidade de vozes	A. na casa da sua irmã [B. sexta-feira? A. fizeram lá... [B. cozinharam lá?

(continua)

(Quadro 4.1 – conclusão)

Símbolo	Significado	Exemplos
:: ou :::	Alongamento de vogal ou consoante (s, r)	ao emprestarem os... éh:: o dinheiro
-	Silabação	por motivo tran-sa-ção
Maiúsculas	Entoação enfática	porque as pessoas reTÊM moeda
-- --	Desvio temático ou comentários do locutor que quebram a sequência temática	... a demanda de moeda -- vamos dar essa notação -- demanda de moeda por motivo
" "	Citação literal ou reprodução de discurso direto e leitura de textos	Pedro Lima... ah escreve na ocasião... "O cinema falado em língua estrangeira não precisa de nenhuma baR-REIra entre nós"...
?	Interrogação	e o Banco... Central... certo?
[...]	Indicação de que a fala foi tomada ou interrompida em determinado ponto. Não no seu início, por exemplo.	[...] nós vimos que existem...

FONTE: Elaborado com base em Castilho, 2005b.

Ao gravarmos uma conversa ou exposição oral em vídeo, podemos optar pela transcrição multimodal, usando um sistema de notação que considera não apenas "a representação da materialidade fônica, mas também – e sobretudo – a representação das semioses não verbais, tais como: os movimentos corporais, a gestualidade, o olhar e o contexto" (Goulart, 2006, p. 234). Nesse caso, os parênteses duplos podem ser utilizados para descrever os aspectos cinésicos.

> **Indicações culturais**
>
> Você pode consultar diversas transcrições de conversas no portal do Projeto Norma Linguística Urbana Culta (Nurc-RJ). Confira.
>
> PROJETO NORMA LINGUÍSTICA URBANA CULTA – RJ.
> Disponível em: <http://www.letras.ufrj.br/Nurc-rj>. Acesso em: 8 set. 2015.

Caso você se anime a desenvolver uma atividade de gravação, é essencial saber que mais importante do que dominar os símbolos para transcrever uma conversa é ouvir e apreciar a gravação, atentando para as marcas ou características próprias da oralidade.

Castilho (2005b) oferece-nos uma recomendação: "O melhor será ouvir várias vezes uma [gravação], examinando livremente as características da fala de seus amigos, recolhidas na entrevista sob análise. Convencione, depois, como anotá-las, organizando suas próprias normas".

À medida que você conseguir transcrever a conversa com os símbolos adequados e tiver facilidade para identificar as marcas da oralidade em determinada transcrição, o trabalho de pesquisa e o aprofundamento no estudo da fala ganharão mais sustentação e rigor acadêmico-científico.

Vamos ver, a seguir, uma tipologia da conversação.

4.3.2 Tipos de conversação

Podemos classificar as conversações em dois tipos principais: naturais e artificiais. As conversações naturais desdobram-se em subtipos.

4.3.2.1 Conversação natural

Caracteriza-se pela imprevisibilidade. Assim, durante uma conversação, "tomamos decisões ao mesmo tempo em que a estamos executando". Essa característica é denominada "atividade administrada passo a passo" (Castilho, 2005b).

São essenciais à conversa a presença e a participação do interlocutor. Quando conversamos com alguém, levamos em conta "determinados pressupostos (i) sobre o interlocutor, (ii) sobre o assunto, (iii) sobre a imagem que supomos que o interlocutor tenha de nós e do assunto, (iv) sobre a imagem que ele supõe que tenhamos feito a seu respeito, depois que o vimos posicionar-se a respeito do assunto" (Ozakabe, 1979, citado por Castilho, 2005b).

As conversações naturais podem ser formais ou assimétricas e informais (coloquiais) ou simétricas.

- ✦ Conversações naturais informais (simétricas) – São aquelas "em que ambos os interlocutores têm o mesmo direito não só de tomar a palavra, mas também de escolher o tópico discursivo ("aquilo acerca do que se está falando"), direcioná-lo, estabelecer o tempo de participação" (Fávero; Andrade; Aquino, 2005, p. 16).

- Conversações naturais formais (assimétricas) – Nelas há elaboração relativamente maior do assunto discutido, as intervenções são mais extensas e a troca de turnos entre os locutores é mais regrada ou contida. Esse tipo de conversação pode não seguir "nenhum roteiro previamente preparado" e se aproxima de situações de comunicação e interação comuns "aos hábitos das pessoas que vivem em comunidades urbanas" (Castilho, 2005b).

Fávero, Andrade e Aquino (2005, p. 16) caracterizam os encontros ou as conversas relativamente assimétricas como aqueles em que há um privilégio em relação "ao uso da palavra, cabendo a um dos interlocutores começar o diálogo, conduzi-lo e, ainda, mudar o tópico".

4.3.2.2 Conversação artificial

Essas conversações "seguem algum tipo de *script* ou roteiro prévio, com simulações simplificadoras" (Marcuschi, 1986, p. 13). Podemos exemplificá-las com conversas ou diálogos que ocorrem em novelas, filmes, peças teatrais, romances, contos etc.

4.3.3 Análise de uma conversação

Vale a pena analisarmos ligeiramente uma conversação com base na transcrição de um trecho. A transcrição que vamos apresentar a seguir foi retirada do projeto Nurc-SP e está reproduzida em Andrade (2011, p. 52).

A conversa refere-se a opiniões sobre veículos de comunicação. Note que, por se tratar da transcrição de um texto falado, são utilizados símbolos para dar conta de marcadores específicos do discurso conversacional oral. Consulte o quadro de símbolos apresentado anteriormente.

> L2 bom... o... eu tenho impressão que o rádio provocou uma revolução... no país na medida que::... ahn principalmente o rádio de pilha né? quer dizer o rádio de pilha representou a quebra de um isolamento do homem do campo principalmente quer dizer então o homem do campo que NUNca teria CONdição de ouVIR:: faLAR:: de outras coisas... de outros lugares... de outras pessoas entende? através do rádio de pilha... ele pôde se ligar ao resto do mundo saber que existem outros lugares outras pessoas que existe um governo que existem atos do governo... de modo que:: o rádio eu acho que tem um papel até... em uma certa medida... ele provocou pelo alCANce que tem uma revolução até maiOR do que a televisão... o que significou a QUEbra do isolamento... entende? de certas pessoas... a gente vê hoje o operário de obra com o rádio de pilha debaixo do braço durante todo o tempo que ele está trabalhando... quer dizer se esse canal que é o rádio fosse usado da mesma forma como eu mencionei a televisão... em um sentido cultural educativo de boas músicas e de... em uma linha realmente de crescimento do homem se o Ministério da Educação cuiDAsse realMENte de que Estes veículos... de telecomunicações se colocassem a serviço da cultura e da educação seria uma beleza né?

FONTE: Nurc-SP – D2 255 [diálogos entre dois informantes], linhas 708-731, p. 116-117, citado por Andrade, 2011, p. 52.

Andrade (2011, p. 53), ao analisar brevemente esse texto oral, aponta as seguintes características que distinguem a língua falada:

a. Marcadores conversacionais – São elementos próprios da fala, que não fazem parte do conteúdo do texto. Apresentam um "valor tipicamente interacional". Alguns exemplos: "bom, eu acho que, quer dizer, então, entende, né?". Mais adiante, vamos voltar a tratar dos marcadores conversacionais com mais detalhes.

b. Marcas prosódicas ou de pronúncia – São elementos como o tom da voz, a duração e a velocidade da fala e outras características tonais e de intensidade, conforme vimos no Capítulo 3. Andrade (2011, p. 53) menciona as seguintes marcas prosódicas encontradas na transcrição do texto oral: "alongamentos: ouVIR::faLAR:: (marcado com ::); entonação enfática (exemplo anterior, marcado com letra caixa-alta); hesitações: na medida em que... ahn (uso do marcador ahn associado ao alongamento)". Atualmente, com os recursos das novas tecnologias, é possível realizar análises das marcas prosódicas de uma conversação ou de outro gênero textual oral utilizando-se o programa de sistematização prosódica Praat, disponibilizado gratuitamente em <www.praat.org>, bem como o manual em português, disponível em <http://www.usp.br/gmhp/soft/praat.pdf>.

c. Repetições – Fazem parte da formulação do texto oral, como vimos ao tratar das propriedades do texto falado, e estão relacionadas ao fato de o planejamento do texto oral conversacional ocorrer durante a própria fala, em uma situação de interação face a face. Como exemplo de repetição no texto oral transcrito, temos "o rádio de pilha né? quer dizer o rádio de pilha".

d. **Correção** – Corresponde a reformulações e retomadas que procuram reparar algo que foi dito. No texto oral transcrito, a sequência seguinte exemplifica a correção na fala: "o rádio eu acho que tem um papel até... em uma certa medida... ele provocou pelo alCANce que tem uma revolução até maiOr do que a televisão...".

e. **Paráfrase** – Trata-se de um "enunciado que reformula um anterior e com o qual mantém uma relação de equivalência semântica" (Fávero; Andrade; Aquino, 2005, p. 59), como no trecho a seguir: "através do rádio de pilha... ele pôde se ligar ao resto do mundo saber que existem outros lugares outras pessoas que existe um governo...".

Conforme Fávero, Andrade e Aquino (2005, p. 35), o texto conversacional apresenta em sua organização outros elementos básicos, como o turno, o tópico discursivo e o par adjacente. Esses elementos também podem servir para orientar a análise de uma conversação e ajudam a responder às setes questões colocadas anteriormente.

O turno faz parte da estrutura de um texto conversacional e pode ser definido como "a produção de um falante enquanto ele está com a palavra, incluindo a possibilidade de silêncio" (Fávero; Andrade; Aquino, 2005, p. 35). A alternância dos participantes de uma conversa nos papéis de falante e ouvinte cria uma sucessão de turnos. Quando participamos de uma conversa e tomamos a palavra, usamos determinadas estratégias, assim como nosso interlocutor, ao fazer uma intervenção e também usar a palavra. A tomada de turno pode ocorrer a partir de estratégias e modos distintos, dependendo da situação social em que a conversa está inserida.

O tópico discursivo é o assunto ou tema da conversa. Ele permite estruturar a conversação, e sua identificação pode ocorrer de forma explícita ou ser pressuposta na conversa. O tópico discursivo tem início, desenvolvimento e fecho, por isso corresponde ao conteúdo propriamente dito da conversa (Fávero; Andrade; Aquino, 2005, p. 37-38).

O par adjacente ou par conversacional corresponde ao fato de a conversação organizar-se na forma de interação e de modo pareado, com perguntas e respostas, pedidos, aceitação ou recusa, saudação e resposta à saudação etc. Assim, o par dialógico caracteriza a conversação (Fávero; Andrade; Aquino, 2005, p. 49).

Esses pares conversacionais se organizam e se desenvolvem com base nas situações de comunicação e nas práticas sociais nas quais a conversa estiver inserida. Assim, as estratégias e a dinâmica do par perguntas-respostas em uma conversa despretensiosa em uma mesa de bar não serão as mesmas de uma conversa entre um advogado e seu cliente, em um escritório, acerca de questões jurídicas graves. Isso também vale para os demais elementos, como o turno e o tópico discursivo.

> ## Indicações culturais
>
> Confira a análise de algumas conversações com base em elementos apresentados anteriormente.
>
> SILVA, C. R. da; ANDRADE, D. N. P.; OSTERMANN, A. C. Análise da conversa: uma breve introdução. ReVEL, v. 7, n. 13, ago. 2009. Disponível em: <http://www.revel.inf.br/files/artigos/revel_13_analise_da_conversa.pdf>. Acesso em: 8 set. 2015.
>
> ESSENFELDER, R.; RODRIGUES, V. P. Sequências inseridas: fluência e disfluência em uma conversação espontânea. ReVEL, v. 3, n. 4, mar. 2005. Disponível em: <http://www.revel.inf.br/files/artigos/revel_4_sequencias_inseridas.pdf>. Acesso em: 8 set. 2015.

Imagine que, em uma conversa, alguém com mais entendimento sobre um assunto se manifeste mais do que os outros participantes. Isso pode acabar "impondo certa autoridade sobre os demais, que, quase inconscientemente, lhe outorgam mais tempo de fala" (Hilgert, 2000, p. 11). Assim, as relações de poder naquela situação social podem levar os que têm menos conhecimento sobre o assunto a ficar em uma posição inferior e mais silenciosos e, portanto, a ter menos turnos.

quatropontoquatro
Fala, negociação e busca de consenso

Como vimos, os gêneros orais estão relacionados a atividades e práticas sociais que fazem parte da vida em sociedade.

Em sociedades plurais e democráticas, fazem parte das relações sociais a negociação, a busca de consenso e o respeito à diversidade em face dos diferentes pontos de vista e dos variados interesses presentes em espaços como organizações, empresas, escolas, igrejas e agremiações.

É preciso aprender a conviver e trabalhar em um contexto em que são desejáveis a garantia da liberdade de opinião e a livre expressão do pensamento de modo responsável.

Nas relações de trabalho, nas discussões de ideias, nos debates políticos ou mesmo em uma conversação espontânea em que surjam visões diferentes sobre algum assunto ou problema, é preciso valer-se da palavra falada para garantir o diálogo, instaurar a negociação, em vez de impor autoritariamente um ponto de vista.

Na verdade, o mais comum é haver pontos de vista diferentes entre as pessoas que conversam ou participam de outro tipo de atividade pertencente ao gênero oral. Esse fato indica a "necessidade de se negociar, de interagir produzindo uma realidade nova ou transformando a realidade apresentada pelo interlocutor para conseguir a adesão dos outros participantes (o auditório)" (Aquino, 2000, p. 14). Essa interação deve ser, portanto, "carregada de eficácia, ainda que provoque, incite, predisponha o interlocutor também a agir, mas em uma direção determinada" (Aquino, 2000, p. 14).

Assim, nas divergências sobre determinado procedimento no trabalho, em uma negociação de compra e venda, na busca da solução de um conflito na justiça ou no esforço para se tomar uma decisão em família, é natural que, inicialmente, as diferentes abordagens ou perspectivas sobre a mesma questão gerem desacordos, que, por sua vez, devem ensejar a negociação, a persuasão ou o convencimento.

Ao usarmos a palavra oral em um contexto de negociação ou busca de consenso, a tendência é que a linguagem seja uma forma de interação por meio da qual tentamos persuadir nosso interlocutor, buscando sua adesão a nossas ideias e nossos propósitos. No entanto, é comum não alcançarmos esse propósito ou encontrarmos dificuldades diante da firmeza de nosso locutor em relação às ideias que defende. Nesses momentos da conversação ou nessas interações em que "não conseguimos os melhores resultados, tem-se um ambiente propício para se instaurar o conflito", que deve ser administrado adequadamente (Aquino, 2000, p. 16).

De fato, "a falta de acordo faz com que surjam as considerações, o que leva à discussão e origina a necessidade de se pensar melhor na negociação". Por isso mesmo, é comum que os participantes de uma negociação usem diferentes estratégias ao falar e interagir, tentando chegar a acordos e atingir "o fim a que se propuseram durante a interação" (Aquino, 2000, p. 15).

Em uma interlocução polêmica, na qual outras pessoas estão envolvidas assistindo à conversação, uma das estratégias é a valorização da imagem daquele que está usando a palavra, em um esforço para parecer melhor do que seu interlocutor (Erlich, 1993, citado por Aquino, 2000, p. 15).

Para Frances Erlich (1993, citado por Aquino, 2000, p. 22), nas conversações ou nos discursos polêmicos, os participantes têm como objetivo o convencimento do outro, a defesa ou a imposição de seus pontos de vista, daí que "as estratégias utilizadas não servem apenas como argumento para indicar um desacordo, mas para mostrar que, ao se interagir opondo, é possível fazer conhecer ao interlocutor um ponto de vista e, ainda, se impor".

> ## Você sabia?
> A arte de convencer ou persuadir, conhecida como *retórica*, teve início em Atenas, na Grécia antiga, no século V a.C., no contexto do surgimento da democracia, quando se tornou importante que os cidadãos dominassem a "arte bem falar e de argumentar com as pessoas nas assembleias populares e nos tribunais" (Abreu, 2005, p. 27).

As estratégias de argumentação no discurso oral podem buscar o convencimento tanto por meio da fala que apela à razão do interlocutor quanto por meio da palavra que intenta tocar as emoções do outro. Nesse sentido, é interessante considerarmos o que diz o professor e linguista Antônio Suárez Abreu, em seu livro *A arte de argumentar: gerenciando razão e emoção*.

Abreu (2005, p. 25) define a argumentação como "a arte de convencer e persuadir". Para ele, "convencer é saber gerenciar informação, é falar à razão do outro, demonstrando, provando".

Persuadir seria "saber gerenciar relação, [...] é falar à emoção do outro". A própria etimologia de *convencer* (*com* + *vencer* = "vencer com o outro" e não "contra o outro") e de *persuadir* (*per* + *Suada* [deusa romana da persuasão] = "fazer algo por meio de auxílio divino") reforçaria esses conceitos. Em última análise, argumentar seria "a arte de, gerenciando informação, convencer o outro de alguma coisa no plano das ideias e de, gerenciando relação, persuadi-lo, no plano das emoções, a fazer alguma coisa que desejamos que ele faça" (Abreu, 2005, p. 26).

É verdade que nem sempre falamos ou dialogamos para convencer ou persuadir o outro. Abreu (2005, p. 18) observa que há diálogos nos quais acontece simplesmente um "puro gerenciamento de relação". Seria o que ocorre quando duas pessoas conversam

> *sobre o tempo ou quando dois namorados conversam entre si. O que dizem é redundante. Se um diz – Eu te amo!, isso é coisa que o outro já sabe. Mesmo assim, pergunta outra vez: – Você me ama? E recebe a mesma resposta. E ficam horas a fio nessa redundância amorosa, em que o importante não é trocar informações, mas sentir em plenitude a presença do outro.* (Abreu, 2005, p. 18)

De qualquer modo, a negociação e o consenso podem ser buscados por meio da fala nas diversas práticas sociais e em diferentes situações de comunicação e interação. Ainda que na história da civilização humana e em nossa própria sociedade isso nem sempre ocorra, devemos nos valer do próprio estudo da oralidade e da educação para forjar essa prática em nossa realidade.

Síntese

Neste capítulo, aprendemos que os gêneros orais podem ser tão variados quanto os gêneros textuais escritos. Entre os gêneros orais, podemos citar a conversação, o debate, a exposição oral, a encenação, entre outros, correspondendo a diferentes atividades, como conversas informais, mesa-redonda, júri, entrevista para emprego, aula e esquete. Esses gêneros e atividades orais estão relacionados a práticas sociais e à interação por meio da fala na sociedade.

Entre os gêneros orais, destacamos a conversação informal, apresentando seus elementos característicos e oferecendo informações sobre a gravação, a transcrição e a análise de uma conversação.

Por fim, você pôde verificar que o uso da fala como prática social se insere, também, na busca de convivência e atuação responsáveis na sociedade, por meio da negociação e do consenso nas situações de conflito que se manifestam pela oralidade.

Atividades de autoavaliação

1. Encontramos exemplo de gênero oral prototípico em:
   a. entrevistas radiofônicas.
   b. palestras.
   c. conversações informais.
   d. conversas telefônicas.

2. O texto oral prototípico apresenta como característica:
   a. interação a distância.
   b. comunicação e interação face a face.

c. inexistência de turnos conversacionais.
d. ausência de incidência de descontinuidades.

3. No processo de gravação de uma conversação, para efeito de análise e estudos, é recomendável que:
a. não se estabeleça qualquer tipo de tema ou assunto.
b. os participantes saibam que estão sendo gravados.
c. os participantes fiquem à vontade para usar a linguagem coloquial.
d. o local da conversação seja público, independentemente de possíveis ruídos.

4. As conversações naturais informais correspondem:
a. a conversas assimétricas.
b. a conversas em que há uma elaboração relativamente maior do assunto.
c. a conversas em que as intervenções são mais extensas.
d. ao fato de os interlocutores terem os mesmos direitos sobre a troca de turnos e a escolha do tópico discursivo.

5. Em uma conversa, o maior domínio e entendimento de alguém sobre determinado assunto pode resultar em:
a. equilíbrio entre a troca de turnos, com o mesmo grau de participação dos interlocutores.
b. imposição de certa autoridade e concessão de mais tempo de fala em relação a um dos interlocutores.
c. anulação da relação de poder na situação social da conversação.
d. posição superior e menos silenciosa dos que têm menos conhecimento.

6. Leia a seguinte transcrição, referente ao trecho de uma conversa, e identifique os símbolos e seus significados:

> aqui nós só vamos... fazer uma leitura em nível PRÉ-iconográfico nós vamos reconhecer as formas... então que tipo de formas que nós vamos reconhecer? bisontes ((vozes)) bisonte é o bisavô...do touro... tem o touro... o búfalo:: e o bisonte MAIS lá em cima ainda... nós vamos reconhecer ahn:: cavalos... nós vamos reconhecer veados... sem qualquer conotativo aí... e algumas vezes MUIto poucas... alguma figura humana... aí na parte da estatuária que a gente vai reconhecer a figura humana mas é muito raro... neste período.

FONTE: Jubran, 1995, citado por Castilho, 2005b.

Atividades de aprendizagem

Questão para reflexão

Se a oralidade é uma prática social, precisamos reconhecer a necessidade de adequar ou ajustar a fala às diferentes situações de comunicação, além de compreender que a interação pela palavra oral deve respeitar os princípios nos quais se baseiam as sociedades plurais e democráticas. Em sua vivência escolar ou acadêmica, como você avalia sua participação em seminários, debates ou mesmo em conversações informais? Procure refletir sobre sua prática oral, relembrando suas intervenções em algumas situações de comunicação.

Atividade aplicada: prática

Com base nas orientações sobre gravação e transcrição de conversas apresentadas neste capítulo, combine com um colega a gravação de uma conversa sobre determinado tema. Você pode utilizar um aplicativo que grave somente o áudio da conversa ou, se preferir, também a imagem. Procure transcrever a conversa e, depois, identificar aspectos do gênero conversacional examinados aqui.

Linguagem humana e fala: origens
e conceitos
Oralidade em questão
Fala, escrita e elementos do texto oral
Gêneros orais e práticas sociais

cinco Oralidade na escola
Fala e variações linguísticas

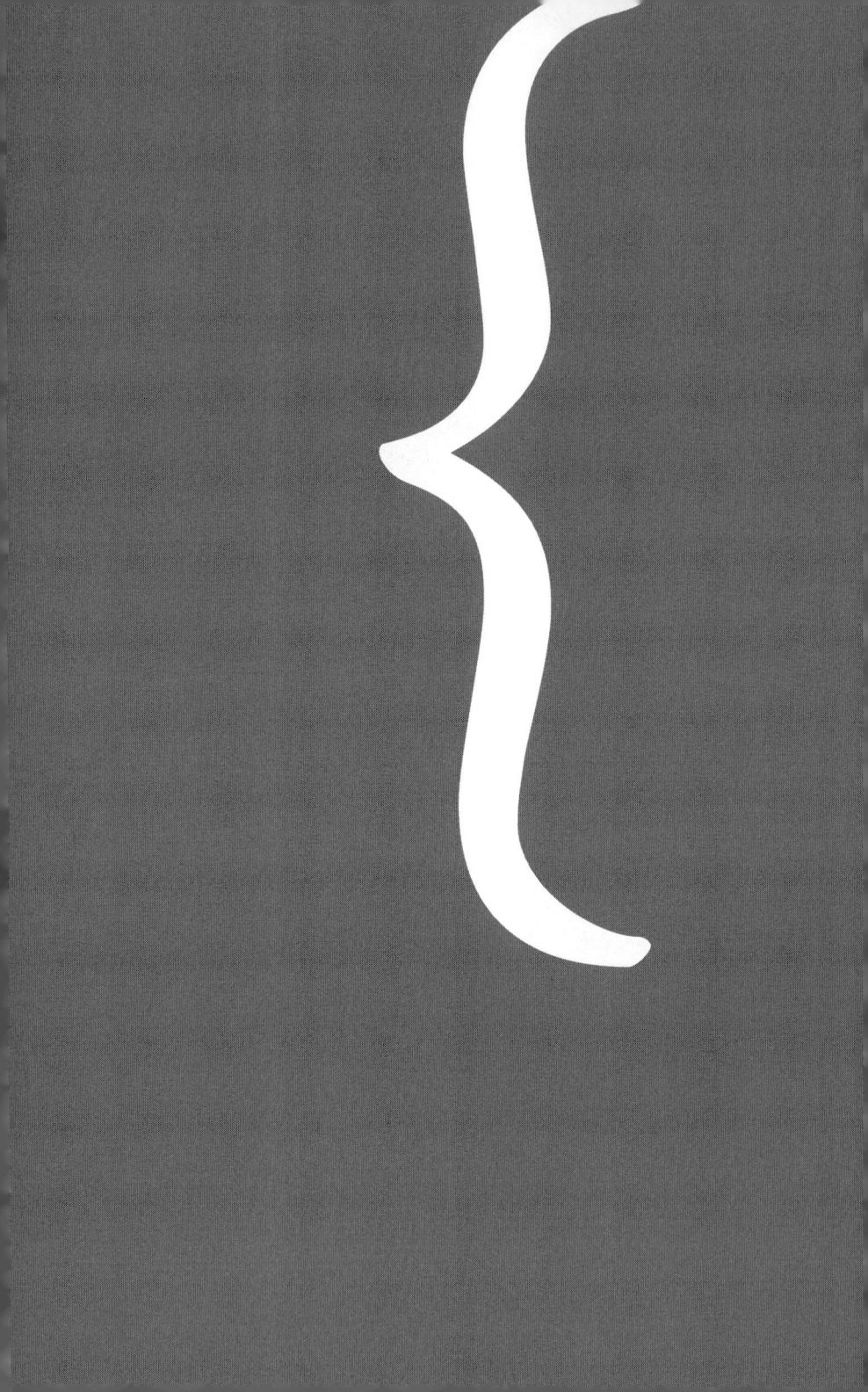

{

❰ AO RELEMBRAR AS aulas de Língua Portuguesa da escola, quais atividades vêm mais fortemente à sua lembrança: relacionadas à escrita ou à oralidade?

Até pouco tempo, trabalhar com a oralidade em sala de aula não era considerado relevante para o ensino-aprendizagem de Língua Portuguesa nem uma estratégia para trabalhar as relações da língua com as práticas sociais do aluno.

Essa situação vem mudando há algum tempo, a partir das pesquisas na área de estudos linguísticos voltados para a língua falada e também das orientações contidas nos Parâmetros Curriculares Nacionais de Língua Portuguesa (PCN).

O professor Ataliba Castilho (2005a, p. 3) compartilha o posicionamento de que "atingiríamos com mais eficácia a língua escrita se começássemos nossa prática escolar pela reflexão sobre a língua falada".

Em face da necessidade de se trabalhar a língua oral na escola e da valorização da fala no processo ensino-aprendizagem de língua, vamos abordar vários aspectos da relação entre oralidade e escola neste capítulo.

Primeiramente, vamos apresentar uma abordagem histórica da relação entre escrita e oralidade na perspectiva da construção do conhecimento, levando em conta o contexto da sociedade e as implicações nas instituições de ensino. Depois, vamos avaliar a abordagem dos PCN sobre a oralidade, discutindo a relevância de se trabalhar tanto com gêneros orais formais quanto com atividades orais mais informais.

Também vamos considerar algumas marcas da oralidade na escola a partir da fala do professor e do aluno, analisando o discurso pedagógico e os desafios ao diálogo. Finalmente, vamos tratar dos cuidados que devem acompanhar o uso da fala nas estâncias públicas, tendo em vista valores e práticas sociais cultivados nas sociedades democráticas e plurais.

cincopontoum
Perspectiva histórica da relação entre oralidade, escrita e escola

Ao considerarem a relação entre escrita e oralidade na perspectiva da construção do conhecimento no contexto da sociedade, os pesquisadores Cook-Gumperz e Gumperz (1981, citados por Galvão;

Batista, 2006, p. 407-409) identificaram três momentos principais da história da civilização humana.

O primeiro grande momento é marcado pela distância entre oralidade e escrita, "já que somente um pequeno grupo de pessoas, nessa fase, tinha acesso à alfabetização" (Galvão; Batista, 2006, p. 408). Nesse contexto, identificado com um período que se estende, aproximadamente, até o século XIX, os textos escritos estavam em suportes materiais caros e de difícil acesso. Os estilos literários se caracterizavam pelo distanciamento estilístico e gramatical da língua falada. As línguas clássicas, como o latim, até o fim da Idade Média estavam mais restritas à escrita. Esses fatos ilustram uma relação entre oralidade e escrita na qual o "letramento tinha *status* de 'habilidade artesanal', na medida em que estava confinado em grupos privilegiados relativamente pequenos" (Galvão; Batista, 2006, p. 407).

O segundo momento é marcado pela aproximação entre oralidade e escrita. Esta passou a ser vista, predominantemente, "como um registro da oralidade", e as narrativas orais passaram a ser divulgadas intensamente pela escrita. Nessa segunda fase, começaram a desaparecer as diferenças entre as linguagens utilizadas no dia a dia e as tradições literárias, em função da industrialização e da urbanização, do surgimento das camadas médias e da emergência de formas democráticas de participação política. Houve incremento da leitura, da literatura e do jornalismo, bem como uma nova cultura urbana nacional. Nesse contexto, a escola secundária e a universidade eram destinadas à elite, enquanto a educação popular se apresentava limitada e evidenciava a irrelevância do letramento para a sobrevivência econômica (Galvão; Batista, 2006, p. 408).

O terceiro momento é marcado por novo afastamento entre oralidade e escrita, que se tornou burocratizada em função das novas formas de comunicação dela dependentes, exigidas "pelo desenvolvimento tecnológico, pelas burocracias e pelas regulamentações governamentais" nas sociedades modernas. Esse incremento do retorno da dicotomia entre fala e escrita ocorreu ao mesmo tempo que o letramento passou a ser essencial para a sobrevivência econômica (Galvão; Batista, 2006 p. 409).

Embora esse entendimento da relação entre oralidade e escrita e de suas implicações no contexto educacional abranja um período histórico extenso, com certas generalizações, e não leve em conta especificidades de determinadas regiões, culturas e sociedades, ele pode nos ajudar a perceber algumas razões históricas do pouco prestígio da oralidade no meio escolar. Além disso, essa abordagem evidencia que a oralidade, ao ser adquirida fora da escola, é colocada em oposição à aquisição ou ao aprendizado da escrita na escola. Assim, tem-se tornado comum associar a oralidade com a informalidade e a escrita com aspectos mais formais e institucionais da vida social.

Apesar dessa realidade histórica, muitos pesquisadores e educadores entenderam, nas últimas décadas, que a oralidade também deve ser institucionalizada na escola e precisa ser integrada ao processo ensino-aprendizagem, já que a fala tem relevante e inevitável participação na interação e nas práticas sociais.

No Brasil, os PCN de Língua Portuguesa constituem uma das expressões da importância conferida à oralidade nas práticas escolares.

cincopontodois
Oralidade nos PCN

Você deve saber que os PCN são um documento de referência para as discussões curriculares e para as propostas didáticas da área de Língua Portuguesa na educação básica desde o fim dos anos 1990. Em seus estudos, é possível que você já tenha percebido que os PCN também são objeto de reflexões críticas que procuram dar conta dos desafios do ensino-aprendizado de língua materna. Por isso mesmo, vale a pena considerarmos de que modo a fala e a oralidade são abordadas nesse documento.

Para compreendermos o tratamento dado à oralidade e à fala nos PCN de Língua Portuguesa, é importante observamos que a perspectiva metodológica para se trabalhar o ensino de Língua Portuguesa abrange a prática da leitura, da produção textual e da análise linguística. Essas práticas vinculam-se a dois eixos –, língua oral (usos e formas) e língua escrita (usos e formas) – acrescidos de análise e reflexão sobre a língua.

Os PCN, ao abordarem o tema da oralidade no contexto do ensino-aprendizado de Língua Portuguesa, defendem que a escola deve "ensinar o aluno a utilizar a linguagem oral no planejamento e realização de apresentações públicas: realização

de entrevistas, debates, seminários, apresentações teatrais etc."
(Brasil, 1998, p. 25). Isso deve ser feito por meio de "situações
didáticas nas quais essas atividades façam sentido de fato, pois
é descabido treinar um nível mais formal da fala, tomado como
mais apropriado para todas as situações" (Brasil, 1998, p. 25).

No que se refere ao processo de produção de textos orais,
as expectativas de aprendizagem apresentadas pelos PCN são
as de que o aluno

- *planeje a fala pública usando a linguagem escrita em função das exigências da situação e dos objetivos estabelecidos;*
- *considere os papéis assumidos pelos participantes, ajustando o texto à variedade linguística adequada;*
- *saiba utilizar e valorizar o repertório linguístico de sua comunidade na produção de textos;*
- *monitore seu desempenho oral, levando em conta a intenção comunicativa e a reação dos interlocutores e reformulando o planejamento prévio, quando necessário;*
- *considere possíveis efeitos de sentido produzidos pela utilização de elementos não verbais.* (Brasil, 1998, p. 51)

A ênfase no ensino-aprendizagem da língua oral em situações mais formais prevalece nos PCN, o que acaba se revelando na ausência de propostas de atividades para trabalhar a oralidade na forma de conversação informal.

Conforme os PCN (Brasil, 1998, p. 67), ao tratar da "escuta de textos orais", o ensino da fala ou da língua oral deve levar a escola a "possibilitar acesso a usos da linguagem mais formalizados e convencionais, que exijam controle mais consciente e voluntário da enunciação, tendo em vista a importância que o domínio da palavra pública tem no exercício da cidadania". Nesse sentido, os PCN (Brasil, 1998, p. 67-68) estabelecem ainda que "ensinar língua oral não significa trabalhar a capacidade de falar em geral", pois o aprendizado da língua oral deve estar vinculado ao domínio dos gêneros que apoiam o saber escolar e dos gêneros da vida pública.

Perceba, então, que nos PCN faltam "a análise da conversação espontânea, seus aspectos linguísticos e discursivos, ou a observação da diferença de abordagem dos temas, de acordo com a modalidade oral ou escrita" (Santos, 2005). Essas atividades têm sua importância porque mostram como se estruturam os textos orais.

Desse modo, apesar de os PCN destacarem a importância do ensino da Língua Portuguesa tanto na modalidade escrita quanto na modalidade oral, o trabalho com a fala parece ficar reservado a situações formais de comunicação, pois os documentos afirmam que não se deve ensinar o aluno a falar, porque isso ele já aprendeu antes de ir para a escola.

Essas observações não devem levar-nos à conclusão de que o trabalho com a língua oral tem de privilegiar a conversação informal e negligenciar os demais gêneros do discurso oral. É desejável que na escola sejam trabalhados os diversos gêneros do texto oral, em situações de comunicação e interação tanto formais quanto não formais, espontâneas ou não, como mais adiante vamos evidenciar.

A ideia presente nos PCN de que "não é papel da escola ensinar o aluno a falar – afinal, isso é algo que a criança aprende muito antes, principalmente com a família" não deixa de ser uma meia verdade. O erro dessa concepção, um tanto disseminada, estaria na redução da "oralidade à fala cotidiana, informal, representada pelos bate-papos e pelas conversas do dia a dia". É preciso reconhecer que a denominação genérica de *linguagem oral* abarca variados gêneros, como "entrevistas, debates, exposições, diálogos com autoridades e dramatizações. Em relação a todos eles, o professor tem um papel importante" (Verli; Ratier, 2008).

O psicólogo suíço Bernard Schneuwly (2004, citado por Marques; Mesquita, 2011, p. 15), em estudos realizados no contexto escolar europeu, mais precisamente entre professores de língua francesa, constatou que "a concepção de oral está fortemente ligada à espontaneidade, ao cotidiano, meio pelo qual se comunicam alunos entre si e alunos entre professores". Como consequência dessa concepção de língua oral, para muitos professores o ensino da "oralidade não é papel da escola, já que esta tem de desenvolver a escrita dos alunos e esses já chegam à escola falando" (Marques; Mesquita, 2011, p. 15).

Para Castilho (2004, p. 83), a função da escola não deve se concentrar somente "no ensino da língua escrita, a pretexto de que o aluno já aprendeu a língua falada em casa". O linguista brasileiro argumenta que "se essa disciplina se concentrasse mais na reflexão sobre a língua que falamos, deixando de lado a reprodução de esquemas classificatórios, logo se descobriria a importância da língua falada, mesmo para a aquisição da língua escrita".

Para Schneuwly (citado por Verli; Ratier, 2008), a escola deve "ensinar o aluno a utilizar a linguagem oral nas diversas situações comunicativas, especialmente nas mais formais", uma vez que "os gêneros da fala têm aplicação direta em vários campos da vida social – do trabalho, das relações interpessoais e da política".

Cláudia Goulart, professora de Língua Portuguesa, explica que, na escola, assume-se a "modalidade oral como ponto de partida para se chegar à produção do texto escrito", em uma abordagem em que se pretende ensinar "a oralização da escrita e não a tomada da palavra pelo sujeito". Perde-se, então, o objetivo de levar o aluno a aprender "a se comunicar, trocar opiniões, apresentar suas ideias, defender seus pontos de vista, ter acesso às informações ou protestar"; deixa-se de lado o fato de que o "ensino da língua deve pressupor o incentivo dos alunos a tomarem a palavra publicamente" (Goulart, 2006, p. 233).

Ao ler os comentários e os posicionamentos desses autores, você deve estar convencido de que a dimensão pública do uso da língua oral deve estar presente nas atividades de ensino-aprendizagem de oralidade na escola, sem que isso ocorra em detrimento do trabalho com a conversação informal.

cincopontotrês
Trabalho com gêneros orais

O ambiente escolar é o espaço no qual o aluno tem os primeiros contatos com situações de comunicação e interação nas quais a palavra falada não se restringe às conversações e aos diálogos da vida privada ou familiar.

Na escola, o aluno tem a oportunidade de participar de situações de comunicação e interação que vão além da experiência com a linguagem no cotidiano mais informal. A criança tem na escola um dos primeiros ambientes sociais em que pode perceber a diferença entre as conversas que acontecem no domínio da vida privada e os eventos comunicativos e as interações nas instâncias públicas e institucionais (Goulart, 2006, p. 233).

O professor João Wanderley Geraldi entende que as situações de comunicação em instâncias públicas nas quais se faz o uso da língua oral "implicam diferentes estratégias e implicam também a presença de outras variedades linguísticas, uma vez que as interações não se darão mais somente no interior do mesmo grupo social, mas também com sujeitos de outros grupos sociais" (Geraldi, 2002, p. 39).

É no ambiente escolar que muitos alunos vivenciam uma experiência com a linguagem que, além de ampliar seu vocabulário ou sua habilidade linguística, expande suas interações sociais e possibilita novas mediações por meio da língua. Nesse contexto, a fala em situações de interação pública, tanto as formais quanto as informais, mostra-se um importante elemento na cultura escolar.

Desse modo, a intervenção do professor por meio de reflexões e atividades sobre situações de comunicação e interação orais pode levar os alunos a aprender aquilo que espontaneamente teriam dificuldade de aprender e praticar, como o uso de gêneros orais que fogem da instância privada de comunicação. Diante disso, devemos reconhecer que os alunos devem aprender a trabalhar com a modalidade oral nas diferentes instâncias de uso da língua, incluindo as públicas e as privadas.

Trabalhar com gêneros orais na escola se constitui, portanto, em uma possibilidade de desenvolver atividades orais como recurso didático, favorecendo o aprendizado da língua oral em sua relação com as práticas sociais.

> **Indicações culturais**
>
> Confira algumas sugestões e roteiros de atividades para trabalhar a oralidade em sala de aula.
>
> VERLI, L.; RATIER, R. Oralidade: a fala que se ensina. Nova Escola, n. 215, set. 2008.Disponível em: <http://revistaescola.abril.com.br/lingua-portuguesa/pratica-pedagogica/fala-se-ensina-423559.shtml>. Acesso em: 8 set. 2015.

Vamos tratar, a seguir, do uso de alguns gêneros e atividades orais que já foram apresentados no Capítulo 4, no contexto do ambiente escolar.

5.3.1 Exposição oral: atividades com seminário

A exposição oral é um dos gêneros que devem ser trabalhados na escola, dando oportunidade ao aluno de construir e praticar um saber escolar que se aproxime das situações de comunicação pública formal. Esse é um gênero que "funciona como um mediador fundamental no desenvolvimento de habilidades de leitura, escrita e produção de fala em contextos formais dentro e fora da escola" (Goulart, 2006, p. 245).

É preciso considerar, entretanto, que a "exposição oral é um gênero que os alunos não dominam, porque é um gênero escolar, secundário, vinculado às instâncias públicas de produção de linguagem" (Goulart, 2006, p. 245). Esse fato impõe a necessidade de ensino-aprendizado desse gênero oral por meio de estratégias didáticas adequadas.

Assim, para o desenvolvimento de atividades relacionadas à exposição oral, como a elaboração e a apresentação de seminários em sala de aula, algumas estratégias didáticas podem oferecer ao aluno instrumentos que o ajudem a saber: "(i) quais conteúdos temáticos podem/devem ser articulados no interior de um seminário, (ii) sua forma de organização ou composição e (iii) o estilo possível de ser adotado para dizer o que se tem a dizer" (Goulart, 2006, p. 235).

Trabalhar com estratégias adequadas se mostra fundamental quando se considera que os professores precisam ter muito claro o que vem a ser a atividade com textos orais em sala de aula.

> ## Indicações culturais
>
> Confira algumas orientações e atividades sobre o uso de exposição oral radiofônica na educação de jovens e adultos.
>
> COSTA, D. R. da; BALTAR, M. Gênero textual exposição oral na educação de jovens e adultos. In: SIMPÓSIO INTERNACIONAL DE ESTUDOS DE GÊNEROS TEXTUAIS – SIGET, 5., 2009, Caxias do Sul. Anais... Caxias do Sul: Educs, 2009. Disponível em: <http://www.ucs.br/ucs/tplSiget/extensao/agenda/eventos/vsiget/portugues/anais/textos_autor/arquivos/genero_textual_exposicao_oral_na_educacao_de_jovens_e_adultos.pdf>. Acesso em: 8 set. 2015.

Também é possível encontrar livros didáticos que trazem propostas e roteiros para se trabalharem atividades de exposição oral em sala de aula, como o seminário. No livro *Português: projetos*, de Carlos Faraco e Francisco Moura, a proposta de trabalhar com seminário, no âmbito do gênero *exposição oral*, é dividida em quatro sequências didáticas. Veja, a seguir, uma descrição resumida delas.

> Na primeira, intitulada *produções não controladas*, o professor deverá propor o tema da exposição oral, depois os alunos deverão se dividir em grupos que prepararão o tema de forma que acharem mais conveniente. As apresentações se darão em data marcada pelo professor. Caso seja possível as apresentações deverão ser gravadas. Na sequência 2, a partir da gravação, os alunos tentarão reestruturar a própria exposição de forma a corrigir as falhas. Para isso, são apresentados passos a serem seguidos. Na sequência 3 os alunos deverão rever as anotações utilizadas durante a primeira apresentação e analisar se elas auxiliaram ou atrapalharam a exposição oral. Na sequência 4 o professor deverá escolher outro tema e com base nele os alunos deverão organizar novas exposições. (Marques; Mesquita, 2011, p. 25, grifo do original)

Lançar mão de recursos didáticos que orientem o planejamento de atividades de exposição oral, como o seminário, é uma forma de evitar que o trabalho com a oralidade em sala de aula se resuma a improvisações.

> ## Indicações culturais
>
> Assista ao vídeo *Comunicação oral: gênero seminário*, em que o educador Cláudio Bazzoni comenta sobre o seminário como atividade oral a ser realizada em sala de aula.
>
> COMUNICAÇÃO oral: gênero seminário. Nova Escola, 12 mar. 2010. Disponível em: <https://www.youtube.com/watch?v=UOEvxhbJlHc>. Acesso em: 8 set. 2015.

5.3.2 Conversação: entrevista

Algumas questões podem ser consideradas pelo professor ao trabalhar com o gênero *entrevista*, como: "Em uma entrevista, o diálogo travado é totalmente espontâneo? Por quê? No cotidiano, as conversas são tão ordenadas como a entrevista reproduzida?" (Marques; Mesquita, 2011, p. 22).

No trabalho com entrevistas em função de propósitos didático-pedagógicos, algumas perguntas podem ajudar na organização e posterior avaliação: "a) Qual é o assunto apresentado?; b) Que perguntas chamaram mais sua atenção?; c) O entrevistado soube responder às questões?; d) Vocês acham que as questões foram adequadas ao assunto?; e) O que vocês perguntariam se fossem o entrevistador? (Faraco; Moura, 2009, p. 278).

> ## Indicações culturais
>
> Assista ao vídeo *Comunicação oral: gênero entrevista*, no qual o professor Cláudio Bazzoni apresenta alguns elementos para a realização de entrevistas no contexto escolar.
>
> COMUNICAÇÃO oral: gênero entrevista. Nova Escola, 12 mar. 2010. Disponível em: <https://www.youtube.com/watch?v=IopYU9RQID4>. Acesso em: 8 set. 2015.

5.3.3 Debate regrado: júri simulado

Aprender a participar de um debate, expor ideias, argumentar e contra-argumentar em face de posicionamentos contrários dos interlocutores ou debatedores ajuda o aluno a se preparar para diversas situações de comunicação oral na sociedade.

Saber utilizar as estratégias adequadas para tomar a palavra (turno), manter a postura aberta ao diálogo, discordar polidamente de uma ideia ou colocar-se contrariamente a outro debatedor são habilidades que precisam ser incentivadas e aprendidas no ambiente escolar com a mediação do professor e de recursos didáticos adequados.

> **Indicações culturais**
>
> Assista ao vídeo *Comunicação oral: gênero debate*, em que o educador Cláudio Bazzoni traz orientações para a realização de debates em sala de aula.
>
> COMUNICAÇÃO oral: gênero debate. Nova Escola, 12 mar. 2010. Disponível em: <https://www.youtube.com/watch?v=wDPD7K50vcQ>. Acesso em: 8 set. 2015.

Uma das atividades que podem contribuir para o aprendizado do gênero *debate* é o júri simulado, desenvolvido tanto no ensino médio quanto no ensino superior, como acontece nos cursos de Direito. Esse tipo de atividade leva o aluno a se aproximar de situações de interação próprias de determinadas práticas profissionais e do convívio social mais formal.

> **Indicações culturais**
>
> Uma descrição e uma análise de atividade com o gênero *júri simulado* realizada no 8º ano do ensino fundamental podem ser encontradas no artigo "Gêneros orais: uma nova proposta de abordagem de ensino", publicado na revista *Eutomia*.
>
> PEIXOTO, R. A. J. R. Gêneros orais: uma nova proposta de abordagem do ensino. Eutomia: Revista de Literatura e Linguística, ano 1, n. 1, p. 562-573, jul. 2008.
>
> A descrição da atividade também está disponível em: <https://sites.google.com/site/cleadgrupo1final/home>. Acesso em 8 set. 2015.

Após essas orientações sobre exemplos de atividades para trabalhar gêneros orais na escola, vamos refletir um pouco mais sobre o contexto escolar no que diz respeito ao uso da palavra tanto pelo professor quanto pelo aluno.

cincopontoquatro
Oralidade nas práticas escolares: a fala do professor

Um dos aspectos interessantes da oralidade no contexto escolar está relacionado à fala do professor e ao discurso didático.

Você deve saber, com base em sua experiência como aluno, que a fala do professor acontece no processo de mediação pedagógica, geralmente vinculada a interações entre educador-educando e à apresentação de conteúdo didático e explicações. Assim, a fala do professor reveste-se de autoridade e relevância para a aprendizagem, o que nem sempre é bem trabalhado pelo educador, tampouco pelo educando. Em parte, isso se dá porque a fala do professor não acontece no contexto de um simples bate-papo ou diálogo.

Travaglia (2002, p. 446) entende que a aula "deve ser vista mais como um diálogo assimétrico do que como um monólogo", justificando as "injunções do professor para o aluno". Desse modo, o aluno é sempre levado a responder à fala do professor com base no contrato pedagógico do qual faz parte.

Muitas vezes essa situação caracteriza um discurso autoritário por parte do professor e da escola, daí a identificação do discurso pedagógico como autoritário. Vamos falar mais sobre isso quando tratarmos da fala do aluno. Por enquanto, queremos tão somente olhar algumas características linguísticas do discurso ou da fala do professor.

Para Koch e Silva (2002, p. 373), o discurso didático, assim como o político e o publicitário, apresenta como marca específica e frequente as repetições e as paráfrases. Para Kerckhove (1997, p. 159), não é comum no dia a dia alguém falar como um professor,

> exceto, talvez, o apresentador de notícias da rádio. Mesmo assim, a influência do professor na nossa maneira de ouvir é tão grande que a maior parte de nós continua a interpretar o sentido dos discursos do dia a dia da maneira formal e legalista com que fomos treinados enquanto analisávamos frases nas aulas de gramática.

As repetições, as paráfrases e as correções podem ser vistas como reformulações ou alternativas que, no fluxo do discurso, procuram resolver um problema de formulação. No entanto, ao examinarmos o discurso didático, podemos perceber que há várias inserções e "ralentamento do fluxo informacional" que não têm como objetivo resolver problemas de formulação, antes, "desempenham funções importantes – retóricas, argumentativas, didáticas" (Koch; Silva, 2002, p. 373).

É importante lembrarmos que formulações fluentes geralmente não apresentam descontinuidade na apresentação de qualquer tópico, enquanto formulações não fluentes ou "disfluentes" apresentam dificuldades de processamento, como a hesitação, e reformulações que objetivam resolver problemas de formulação, como as paráfrases, as repetições e as correções (Koch; Silva, 2002 p. 374).

O discurso didático pode ser caracterizado com base em redundâncias e repetições que não estão, necessariamente, relacionadas a problemas no fluxo das formulações. É possível observar falas muito fluentes de vários professores que, porém, apresentam características que podem ser identificadas com estratégias "destinadas a *facilitar a compreensão*" (Koch; Silva, 2002, p. 373, grifo do original).

Uma dessas estratégias é a alteração no ritmo da fala, que subitamente pode tornar-se mais lenta ou pausada, a fim de "permitir que os alunos acompanhem melhor o raciocínio e possam assimilar a informação que está sendo veiculada" (Koch; Silva, 2002, p. 373). Desse modo, o professor pode optar, em determinado momento de sua fala, pela "diminuição do ritmo do fluxo informacional", falando pausadamente ou enfatizando determinadas palavras que quase são pronunciadas sílaba a sílaba, sem que isso caracterize uma hesitação ou dificuldade de construção do raciocínio e da fluência na fala (Koch; Silva, 2002, p. 373).

Assim, Koch e Silva (2002, p. 374-375) entendem que no discurso didático as repetições

> *não chegam a produzir descontinuidade no desenrolar do tópico, já que ocorrem em geral no interior de uma formulação fluente, com função essencialmente didática: diminuir o ritmo do fluxo informacional, enfatizar elementos importantes, dar tempo ao interlocutor para captar o sentido do discurso, em síntese, facilitar a compreensão.*

Dessa maneira, a reformulação, entendida como "formular mais uma vez o que já foi formulado" e que inclui o parafrasear, o repetir e o corrigir, não se dá no discurso didático como, necessariamente, um problema de fluência na fala, uma vez que o professor pode ter um discurso altamente fluente, mas quebrar o ritmo de sua fala com inserções que visam facilitar a compreensão do que está sendo dito (Koch; Silva, 2002, p. 375).

Outra coisa é a formulação "disfluente", caracterizada por problemas no fluxo do discurso, relacionados tanto com o processamento do pensamento ou das informações quanto com a expressão ou a verbalização do conteúdo. Nesse caso, ocorre a hesitação, que pode manifestar-se nos "falsos começos, alongamentos de vogais, pausas preenchidas ou não, repetições de sílabas iniciais ou de palavras de pequeno porte, cortes oracionais etc." (Koch; Silva, 2002, p. 375).

A hesitação é uma forma de lidar com problemas de formulação durante a fala com base na percepção, por parte do próprio falante ou locutor, de um problema relacionado ao processamento de suas ideias ou da manifestação de outra dificuldade, sendo resolvida de modo *on-line*, ou seja, simultaneamente ao desenrolar do discurso.

Outro tipo de problema é aquele percebido, seja pelo falante, seja pelo interlocutor, depois de falado ou encerrado determinado trecho ou segmento do discurso. Nesse caso, ocorrem as chamadas *atividades saneadoras*, identificadas com a correção, as paráfrases e certas repetições (Koch; Silva, 2002, p. 375).

Até aqui, as considerações feitas sobre a fala do professor procuraram caracterizar o discurso didático em aspectos mais relacionados à dimensão da análise do discurso e da perspectiva linguística. Vamos ver, agora, a questão da fala do aluno, retomando o problema da autoridade e da relação educador-educando.

cincopontocinco
Fala do aluno

Percebemos, considerando o que foi exposto a respeito da fala do professor, que a escola é um espaço no qual aquele que tem a responsabilidade pela condução da formação e do processo ensino-aprendizagem apresenta uma fala com características bem marcantes. O professor tem sua autoridade reforçada, e sua imagem personifica o conhecimento por meio da fala, que legitima seu papel de educador e representante do saber socialmente prestigiado. Isso se dá, em parte, pelo uso da língua na norma culta.

Aí pode residir um dos entraves para o diálogo mais próximo entre professor e aluno, uma vez que "não só os conteúdos escolares, mas também as variedades linguísticas presentes na *performance* do professor marcam, ainda mais, a dificuldade de interação dialógica em sala de aula" (Souza; Mota, 2007, p. 509).

Se o professor pode assumir um discurso autoritário e se tornar um agente do controle social, isso pode ser intensificado ou reforçado pela adoção de uma forma linguística alheia aos falares populares com os quais o aluno pode estar identificado (Souza; Mota, 2007, p. 509).

O que fazer? O professor deve abandonar a norma culta? O aluno deve ser tolhido na sua expressão por meio de registros e usos linguísticos desprestigiados no ambiente escolar?

Não responderemos a essas questões agora, pois no último capítulo elas serão retomadas no contexto da discussão sobre a variação e o preconceito linguísticos.

No entanto, ao avaliarmos as implicações da distância entre o discurso do professor e a fala dos alunos, observamos a necessidade de um movimento do educador no sentido de construir um diálogo que permita ao aluno posicionar-se livremente em sala de aula como sujeito que apresenta uma fala legítima, ainda que o processo ensino-aprendizagem leve o aluno a dominar a língua-padrão ou as variedades prestigiadas socialmente.

Considerando-se mais especificamente a fala do aluno, um dos desafios identificados no contexto da mediação pedagógica e da interlocução com o professor é a superação do discurso pedagógico como uma fala autoritária que, em última análise, pode levar à dominação do aluno como sujeito ou silenciar sua voz, mesmo quando ele ainda tem a palavra, pois pode apenas reproduzir o discurso do professor.

Na verdade, não é difícil perceber que a posição do aluno no contexto do discurso autoritário é de ouvinte, sem reais oportunidades de participação e atuação como sujeito por meio da fala, pois "é próprio do discurso autoritário fixar o ouvinte na posição de ouvinte e o locutor na posição de locutor" (Orlandi, 2011, p. 33).

Assim voltamos à questão da necessidade de instaurar o diálogo criativo e crítico na relação pedagógica. Para Orlandi (2011, p. 33), uma forma de romper com esse autoritarismo seria instaurar a polêmica ou a capacidade de discordância, ou seja, "a capacidade do aluno de se constituir ouvinte e se construir como autor na dinâmica da interlocução, recusando tanto a fixidez do dito como a fixação de seu lugar como ouvinte". Desse modo, não se nega a possibilidade de ser ouvinte, mas recusa-se a estagnação nesse papel, instaurando-se o diálogo.

cincopontoseis
Como construir uma fala mais dialógica

Vimos que a valorização da oralidade e o trabalho com a fala na escola devem atender a expectativas de aprendizagem relacionadas à formação para as interações do aluno nos ambientes em que vive e dos quais participa, além de prepará-lo para a inserção social em ambientes e práticas distintos de sua vivência familiar ou mais próxima.

Nesse sentido, podemos acrescentar que o aprendizado da fala deve ir além de habilidades e competências linguísticas que contribuam para a comunicação oral eficaz. Esta pode ser entendida com base na resposta positiva às intenções ou aos objetivos de alguém ao falar ou se comunicar.

No entanto, em nossas relações sociais, não basta alcançarmos os objetivos que temos ao nos comunicarmos ou interagirmos com os outros. Devemos, também, interagir motivados por valores e princípios aceitos e recomendados na vida em sociedade. Assim, por meio da fala, o exercício da cidadania e a convivência em uma sociedade plural e democrática devem ser buscados.

Para Bentes (2010b, p. 20), no contexto de uma sociedade democrática, "o exercício orientado de determinadas práticas orais na escola (mas também fora dela) precisaria estar pautado pelos princípios da igualdade de todos perante a lei, da liberdade de expressão e da fraternidade de uns para com os outros".

Nesse sentido, a oralidade na escola remete à necessidade de um aprendizado voltado para aspectos públicos e políticos da fala. Esses aspectos podem ser resumidos em duas expressões: 1) "o que falar" e 2) "como falar" (Bentes, 2010b, p. 25).

Em relação ao conteúdo da fala ("o que falar") em suas implicações pública e política, os temas para as reflexões e as atividades práticas que envolvem a oralidade na escola poderiam estar voltados para o interesse público, com "discussões de conteúdo ético" e de cidadania que sejam relevantes e significativas para alunos e professores (Bentes, 2010b, p. 25).

Assim, com base em uma diversidade temática, seriam forjadas situações de comunicação e interação nas quais os alunos seriam levados a falar e ouvir sobre assuntos relacionados a direitos humanos, solidariedade, ética, relações étnico-raciais, questões de gênero, educação ambiental, entre outros.

Quanto ao modo da fala ("como falar"), é importante que o exercício da oralidade ou uso da palavra oral seja, também, um exercício de cidadania, tolerância, pluralidade, solidariedade e diálogo. O exercício da palavra pública exige disciplina, pois é preciso saber falar e ouvir adequada e empaticamente; demanda polidez, já que a maneira como se fala deve ser respeitosa e preservar a dignidade do outro, além de ensejar a abertura permanente ao diálogo.

Bentes (2010b, p. 32) lista vários ajustes e planejamentos que promovem a habilidade no uso da palavra em situações nas quais o aluno se expõe oralmente "fazendo uma pergunta, pedindo uma explicação, fazendo um comentário elogioso ou crítico". Os itens seriam os seguintes:

I. *como interpelar uma autoridade na frente de uma plateia;*
II. *como modular a voz de forma que ela seja ouvida por todos, mas sem ser exageradamente alta;*
III. *como começar e terminar o seu comentário ou a sua pergunta de forma polida;*
IV. *como controlar o tempo de sua fala;*
V. *como se posicionar corporal e gestualmente (levantar da cadeira ou não, fazer muitos gestos enquanto fala ou não);*
VI. *o que dizer para elogiar a fala do palestrante ou para fazer um comentário crítico sobre ela.* (Bentes, 2010b, p. 32-33)

Outra dimensão importante relacionada a habilidades da fala é saber silenciar e saber ouvir, pois "a escuta é uma parte constitutiva de toda prática oral: alguém fala para um outro escutar que, por sua vez, também quer replicar, falar" (Bentes, 2010b, p. 27).

Há ainda habilidades linguísticas que podem ser mobilizadas. Uma delas é a modalização, ou seja, a habilidade de atenuar, amenizar ou tornar mais polido o que falamos por meio de expressões linguísticas mais favoráveis ao diálogo, ao entendimento e à convivência social.

Em vez de o professor dizer ao aluno "Você está totalmente errado e não vai se sair bem nesta atividade, a menos que ouça o que estou dizendo", ele pode modular o discurso e dizer algo como "É possível que você esteja equivocado, mas acho que vai se sair bem nesta atividade se ouvir com mais atenção o que estou dizendo". A segunda maneira de construir a frase é um modo mais encorajador e, pedagogicamente, pode surtir efeitos mais promissores para o aluno.

> **Indicações culturais**
>
> Sobre uma abordagem teórica da modalização, leia o artigo "Modalização: da língua ao discurso", do professor Luiz Fiorin.
>
> FIORIN, J. L. Modalização: da língua ao discurso. Alfa: Revista de Linguística, São Paulo, v. 44, p. 171-192, 2000. Disponível em: <http://seer.fclar.unesp.br/alfa/article/view/4204/3799>. Acesso em: 8 set. 2015.

Essas considerações apontam para a necessidade de tratar a oralidade em sua relação com as práticas sociais, incluindo as do ambiente escolar, e para um oportuno e mais constante diálogo entre a comunidade escolar e a sociedade. Isso pode ocorrer por meio da

> *promoção de maiores e mais efetivos espaços e tempos de diálogos intramuros da escola: diálogos dos alunos entre si, entre alunos e professores, dos professores entre si, sempre organizados e mediados pelo professor e focados nos princípios éticos da igualdade na diferença, da solidariedade e da liberdade de expressão".* (Bentes, 2010b, p. 13)

Além disso, o cuidado no "como falar" e o uso de recursos linguísticos como a modalização na fala não devem levar o aluno apenas a saber "se comportar" nas situações de comunicação e interação pública; precisam atender à necessidade de o aluno incorporar, "como princípios norteadores de suas ações sociais, um profundo respeito por seu interlocutor como pessoa humana, que nada tem a ver com 'boas maneiras', mas com um modo de ver e de pensar a si mesmo e o mundo social ao seu redor" (Bentes, 2010b, p. 15).

Síntese

A reflexão sobre o tema *oralidade na escola* possibilitou a verificação da importância do aprendizado da fala levando-se em conta o contexto do uso da língua nas práticas sociais em instâncias públicas e privadas da comunicação e na interação.

Analisando a abordagem do ensino-aprendizagem da fala nos PCN, destacamos a necessidade de se trabalhar em sala de aula com gêneros orais que se caracterizam tanto por atividades formais quanto por atividades não formais. Nesse sentido, retomamos alguns gêneros orais para considerar possibilidades que permitam o contato do aluno com situações de comunicação oral no mundo do trabalho e na vida em sociedade.

Também procuramos caracterizar a fala do professor e do aluno no ambiente escolar e no contexto do discurso e do diálogo pedagógicos a fim de identificar marcas, desafios e possibilidades educativas. Por último, salientamos que as habilidades para o diálogo e para o uso da fala nas diversas instâncias públicas da sociedade devem ser estimuladas na escola, contribuindo para a preservação de valores como liberdade, pluralismo, democracia e convivência respeitosa e pacífica.

Atividades de autoavaliação

1. Os PCN conferem um tratamento à língua oral que se caracteriza:
   a. pela abordagem da oralidade com base na realização de atividades relacionadas a conversações informais.
   b. pelo reconhecimento da necessidade de ensinar o aluno a falar a língua coloquial e de seu ambiente social.
   c. pela ênfase em um nível mais formal da fala, que deve ser apropriado para todas as situações.
   d. pela defesa do ensino da linguagem oral no planejamento e na realização de apresentações públicas.

2. Assinale a alternativa que não traz uma expectativa de aprendizagem apresentada pelos PCN na produção do texto oral:
   a. Planejamento da fala pública usando-se a linguagem escrita em função das exigências da situação e dos objetivos estabelecidos.
   b. Saber ajustar o texto à variedade linguística adequada, considerando-se os papéis assumidos pelos participantes.
   c. Saber utilizar e valorizar o repertório linguístico do ambiente escolar, empregando-se o nível de linguagem apenas das comunidades prestigiadas socialmente.
   d. Considerar os efeitos de sentido produzidos pela utilização de elementos não verbais.

3. Imagine que um professor chame a atenção de seus alunos dizendo "Vocês estão completamente errados. E não vão conseguir aprender nada de língua portuguesa, a menos que deixem de ser um bando de desocupados e comecem a enfiar a cara nos livros". Se, em vez de usar tais palavras, o professor advertisse seus alunos dizendo "É possível que vocês estejam equivocados, mas conseguirão aprender a língua portuguesa caso se dediquem mais aos estudos e à leitura dos livros", ele teria um cuidado na elaboração da fala que deve ser identificada com:
   a. o autoritarismo do discurso pedagógico.
   b. a modalização na fala ou no discurso.
   c. a negação ao diálogo pedagógico.
   d. a hesitação e a repetição desnecessária.

4. Conforme a opinião de autores como Schneuwly e Marcuschi, cabe à escola:
   a. concentrar-se mais na reflexão sobre a língua que falamos, deixando de lado a reprodução de esquemas classificatórios.
   b. concentrar-se no ensino da língua escrita, já que o aluno aprendeu a língua falada em casa.
   c. ensinar o aluno a utilizar a linguagem oral em situações comunicativas apenas mais informais.
   d. não ensinar a língua oral, pois tem de desenvolver a escrita dos alunos, em razão de eles já chegarem à escola falando.

5. Sobre o uso do seminário como atividade do gênero *exposição oral*, é correto afirmar que:
a. deve ser ensinado e trabalhado de modo espontâneo, evitando-se usar estratégias ou definir temas para seu uso.
b. estabelecer a forma de organização ou composição do seminário não é uma estratégia adequada, pois vai contra o caráter informal do seminário.
c. não deve ser considerado um gênero escolar nem uma atividade vinculada às instâncias públicas de produção de linguagem.
d. é recomendável o uso de estratégias adequadas na elaboração e na organização do seminário.

Atividades de aprendizagem

Questão para reflexão

Considerando-se que uma forma de incentivar o diálogo, o debate e a conversa sobre temas relevantes e de interesse público na escola é ouvir e assistir outras pessoas trabalhando o mesmo tema, quais atividades poderiam ser desenvolvidas para colocar o aluno em contato com profissionais ou personalidades públicas que tratem de determinado tema? Que recursos poderiam ser utilizados?

Atividade aplicada: prática

Apresentamos, neste capítulo, características e questionamentos relacionados à fala do professor e do aluno. Propomos agora que você desenvolva uma atividade prática para identificar, descrever e confirmar (ou não) esses aspectos.

Inicialmente, você deve assistir a uma aula do ensino fundamental ou do ensino médio. Caso não seja possível, você pode se valer de trechos de filmes, programas ou vídeos da internet que apresentem cenas de aulas. Uma sugestão de filme é *Além dos muros da escola*, de Laurent Cantet (2008, França). Faça observações sobre a fala dos alunos e do professor, registrando suas impressões. Analise as marcas da oralidade nos discursos e nos diálogos; identifique as características do discurso pedagógico na fala do professor e atente para a reação dos alunos diante dele.

{

um   Linguagem humana e fala: origens
       e conceitos
dois   Oralidade em questão
três   Fala, escrita e elementos do texto oral
quatro Gêneros orais e práticas sociais
cinco Oralidade na escola
seis Fala e variações linguísticas

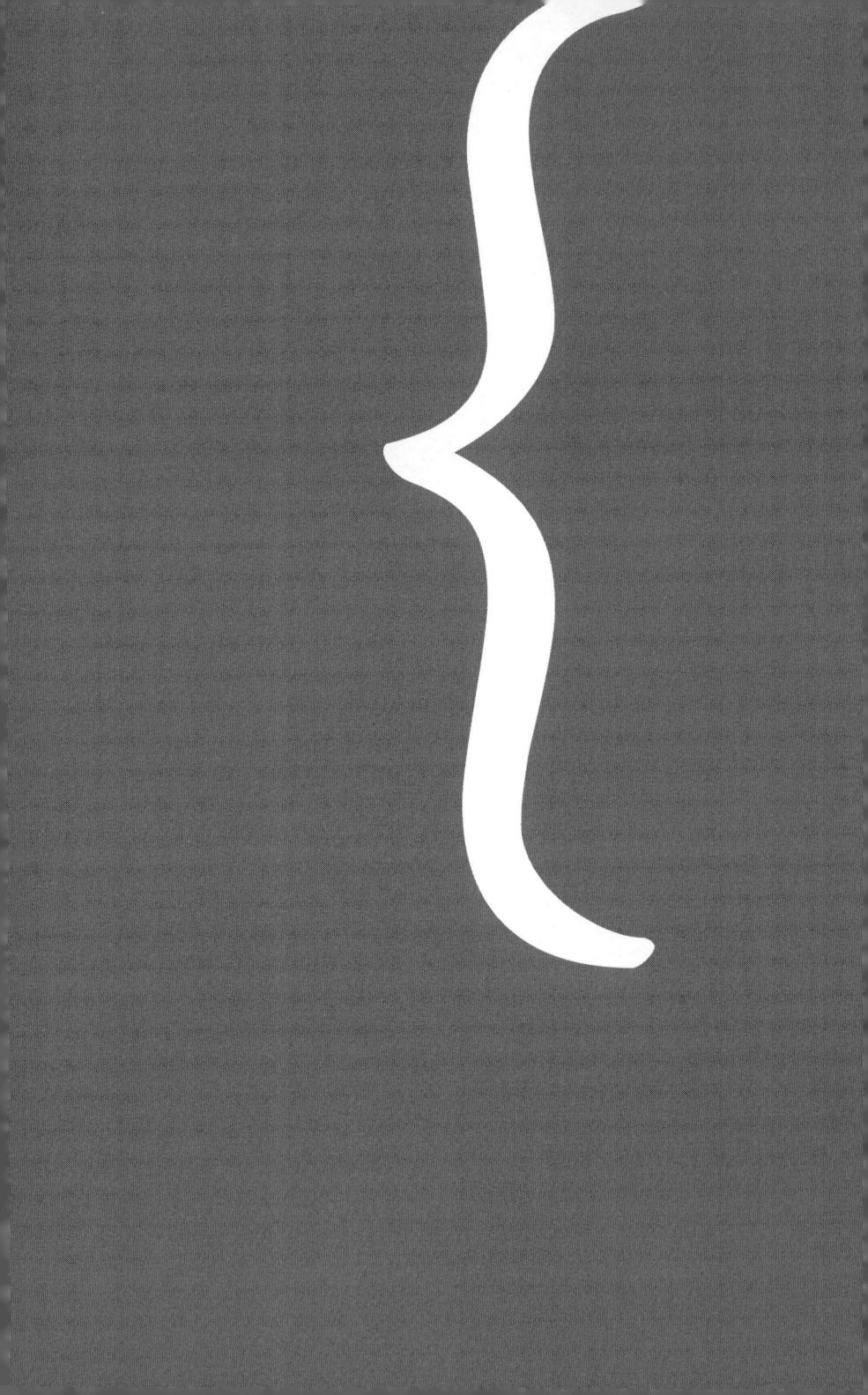

❰ UMA DAS PERSPECTIVAS possíveis no estudo da fala e da oralidade é oferecida pela sociolinguística e por suas abordagens da variação linguística. Por isso, neste capítulo, você terá oportunidade de perceber que o uso da língua oral está relacionado a vários fatores socialmente definidos, como a identidade social de quem fala e de quem ouve, além do contexto social.

Mas o que é sociolinguística e o que ela tem a ver com nosso assunto?

Trata-se de um ramo da linguística voltado principalmente para a relação entre língua e sociedade. Seu objeto de estudo é "a língua falada em seu contexto social", ou seja, a língua no contexto de interação verbal entre pessoas que compartilham um conjunto de normas que orientam os usos linguísticos (Alkmim, 2004, p. 33).

Com base nos estudos sociolinguísticos, vamos abordar o conceito de variação linguística, caracterizando tipos de variedades linguísticas e analisando sua realização ou manifestação na língua falada.

Vamos verificar também o conceito de norma-padrão em face dos diversos usos da língua, analisando seus desdobramentos no ensino-aprendizagem de Língua Portuguesa e na questão do certo e do errado em termos linguísticos.

Finalmente, vamos apresentar algumas considerações sobre o preconceito linguístico, chamando atenção para os desafios educacionais diante de falares que são desprestigiados assim como seus falantes.

seispontoum
Comunidades linguísticas e variação

Com base nos estudos sociolinguísticos, podemos chegar ao entendimento de que os usuários da língua compõem o que se costuma chamar de *comunidade linguística* ou *comunidade de fala*.

Em uma comunidade linguística, há uma diversidade de redes de comunicação. Isso acontece apesar de a interação verbal entre os falantes de uma comunidade pressupor o mesmo conjunto de regras, pois o falar apresenta diferenças em função de ser a manifestação real do uso de uma língua, um uso que sofre variações.

O professor William Labov, um dos principais formuladores e divulgadores da sociolinguística norte-americana, definiu a comunidade linguística "como um grupo de pessoas que compartilham um conjunto de normas comuns com respeito à linguagem e não como um grupo de pessoas que falam do mesmo modo" (Labov, 1974, citado por Orlandi, 2011, p. 102). Assim, é inerente a uma comunidade de falantes o uso da língua com base em diferenças que correspondem tanto a valores e contexto sociais quanto a elementos de identidade dos próprios falantes.

Os diferentes modos de falar de uma mesma comunidade são denominados, na sociolinguística, de *variedades linguísticas*. O conjunto desses falares ou variedades, por sua vez, compõe o chamado *repertório verbal* de uma comunidade (Alkmim, 2004).

Vamos desenvolver um pouco mais esse conceito. No uso da língua oral e no entendimento da linguagem como interação, há uma relação entre a fala e as condições de sua produção que contribui para a significação daquilo que se diz, ou seja, a interação entre os interlocutores e o contexto constituem a significação do texto falado. Dessa maneira, a variação linguística (os diferentes modos de falar) aponta para o fato de que a língua não é uniforme e indica que tais variações participam do processo de produção de sentido. Assim, o sentido de uma frase falada de modo formal e com certo pedantismo pode sofrer determinadas variações quando a frase é dita de modo informal e com certa simplicidade.

A variação linguística observada na língua oral é, de certo modo, "um recurso comunicativo nas interações verbais cotidianas, [já que] a manipulação desses aspectos é estrategicamente feita pelos falantes de forma a atingir determinados objetivos comunicativos" (Bentes, 2010a, p. 133).

Uma das formas de se verificar a variação da fala nos níveis de linguagem é por meio da observação do falar de um indivíduo, considerado isoladamente em determinado grupo. Para o linguista dinamarquês Jens Otto Jespersen, essa fala não é sempre a mesma.

Consideremos, por exemplo, o jeito de conversarmos com as pessoas. O tom de voz que usamos na conversação e as palavras que escolhemos para dizer determinadas coisas podem mudar de acordo com a camada social ou a situação de interação social em que nos encontramos no momento. Além disso, "a linguagem toma diferente colorido segundo o tema da conversação: há um estilo para a declaração de amor, outro para a declaração oficial, outro para a negativa ou reprimenda" (Jespersen, 1947, p. 181, citado por Preti, 2003, p. 20). Essa variação da fala, condicionada a fatores como aqueles relacionados à situação de comunicação, não ocorre, entretanto, de modo determinista. Não é possível antever como uma pessoa vai manifestar em seu discurso as marcas da variação linguística.

O professor Dino Preti observa que não podemos dizer com precisão, em toda e qualquer situação, que uma pessoa de "determinada região, cultura, posição social, raça, idade, sexo etc., escolheria estruturas e formas que pudéssemos de antemão prever". Do mesmo modo, "nem sempre é possível estabelecer padrões de linguagem individual, de acordo com uma variedade muito grande de situações que pudessem servir de ponto de referência para uma classificação mais perfeita dos níveis de fala" (Preti, 2003, p. 19). É possível, no entanto, estabelecer alguma relação entre variações na fala de um indivíduo ou grupo de falantes e a identidade desses sujeitos.

Para Bentes (2010a, p. 133), a diversidade linguística, que pode manifestar-se no modo como os sons são pronunciados e no modo como ocorre o fluxo da fala, remeteria a "recursos que revelam determinados sentidos sociais compartilhados por determinado grupo, tais como a origem geográfica de alguém ou, ainda, seu estado de espírito". Assim, o "sotaque" que aparece na fala de uma pessoa permite o reconhecimento de "uma pronúncia regional ou socialmente marcada de determinados sons (é o caso das várias pronúncias do 'r' ou do 's', no português brasileiro)", além de possibilitar a identificação "de uma determinada 'melodia' da fala, melodia esta constituída por aspectos como o ritmo, a velocidade e a entoação característicos da fala de determinadas regiões e/ou de determinados grupos sociais" (Bentes, 2010a, p. 131).

Essas variações podem servir para estabelecer relações de identidade com fins ligados ao mundo do trabalho ou do comércio, como acontece muitas vezes com o discurso publicitário. Preti (2003, p. 22, grifo do original) lembra que a variação linguística nas campanhas publicitárias busca "uma aproximação mais eficiente com o público consumidor, procurando na *variação* de linguagem uma forma de identificação com o consumidor-ouvinte".

Desse modo, *slogans* como "Vem pra Caixa você também!" ou *jingles* como "A cada um minuto, quatro coisas vendem" não devem ser considerados "erros de português" cometidos por agências publicitárias que desconhecem a norma culta. São, na verdade, exemplos de uso de uma variedade da língua ou do registro mais próximo da comunicação de massa ou da linguagem popular.

No caso do primeiro *slogan*, a forma verbal *vem* no lugar do imperativo *venha*, isto é, do uso conforme a norma gramatical, está a serviço de uma sonoridade e da rima interna da frase, além do uso comum e consagrado do *pra* no lugar da preposição *para*.

No *jingle* da peça publicitária do *site* de vendas na internet, em vez de "Quatro coisas são vendidas a cada um minuto", optou-se por uma inversão na qual a sintaxe está a serviço da expressividade e da criatividade musical, o que não impede a compreensão da mensagem, mesmo que o sujeito gramatical não corresponda à pessoa que realiza a ação.

Poderíamos apresentar outros exemplos dos propósitos e das razões que orientam o emprego das variedade linguísticas, mas agora precisamos examinar os tipos de variedades e, tendo em vista essa classificação, suas características e ocorrências.

seispontodois
Variações diatópicas, diastráticas e diafásicas

As variações diatópicas referem-se a variedades linguísticas relacionadas a espaço ou região geográfica. Esse tipo de variação nos leva à abordagem dos falares ou dialetos.

Você já sabe que uma língua, como o português, varia de região para região. Temos o português falado em Portugal, no

Brasil, em Cabo Verde, em Guiné-Bissau e em outros países ou regiões do mundo. No Brasil, temos ainda os falares ou dialetos das diversas regiões. Esses regionalismos mostram a riqueza da língua e sua diversidade cultural. Exercício interessante é assistir a vídeos na internet produzidos por falantes de diferentes regiões do Brasil ou comparar o modo de falar o português em Portugal e no Brasil.

Se você ouvir uma conversação entre falantes de Portugal, perceberá que eles geralmente reduzem as vogais. No caso de *telefone*, a pronúncia seria algo como "tulfón", enquanto no Brasil pronunciamos "todas as vogais anteriores à vogal tônica, como em *telefone*" (Castilho, 2000, p. 86, grifo do original).

Entre as variações do português brasileiro, podemos exemplificar, ainda, com o fato de, às vezes, deixarmos "cair as vogais iniciais, como em *tá*, por *está*, mantidas pelos portugueses em seu modo característico de atender ao telefone: *está? está lá?*" (Castilho, 2000, p. 86, grifo do original).

Há diversos textos bem-humorados que tratam das diferenças entre o português de Portugal e o português brasileiro, como é o caso da crônica "E ainda dizem que falamos a mesma língua", de Fernando Sabino, ou que abordam as diferenças vocabulares nas variedades do português brasileiro, como na crônica "Pechada", de Luis Fernando Verissimo.

Outro tipo de variação é denominada diastrática e refere-se às variedades linguísticas relativas a segmentos ou camadas sociais, com o uso da língua marcado por variações em função dos níveis econômico, cultural e social. Esse tipo de variação evidencia variedades linguísticas que, muitas vezes, são alvo de desprestígio social por estarem relacionadas às atividades linguísticas daqueles que têm pouco ou nenhum acesso a bens culturais, de consumo e de capitais.

No Brasil, o nível de escolaridade é bastante significativo no condicionamento desse tipo de variação em função do estrato sociocultural. A fala que se distancia da norma culta e se caracteriza por problemas recorrentes de "correção gramatical" é uma manifestação do baixo nível de escolaridade de seus usuários, geralmente identificados como das camadas mais populares da sociedade.

> ## Indicações culturais
>
> Assista ao videoclipe da canção "Samba do Arnesto", de Adoniram Barbosa, e aprecie um exemplo poético e bem-humorado da variação diastrática e, até certo ponto, diatópica também.
>
> BARBOSA, A. Samba do Arnesto. Disponível em: <http://www.musicme.com/#/Adoniran-Barbosa/videos/Samba-Do-Arnesto-706C4F657A5A3639333659.html>. Acesso em: 19 nov. 2015.

As variações diastráticas também estão relacionadas a usos da língua característicos de determinados grupos, como no caso das gírias de adolescentes ou dos jargões profissionais.

Assim, no conjunto de profissões ou atividades ocupacionais, podemos encontrar modos de falar característicos, como o "economês" dos economistas, o "jargão militar" das forças de segurança ou o "juridiquês" dos profissionais de direito (advogados, juízes, promotores etc.).

As variações denominadas **diafásicas** correspondem a modalidades expressivas ou de uso da língua que diferem em um mesmo estrato social. São variações estilísticas que manifestam determinado modo de falar conforme, por exemplo, o contexto ou a situação de comunicação. Nesse tipo de variação, a língua oscila entre registros informais e registros bem formais ou pode variar de um estilo mais literal e objetivo para outro, mais poético e literário.

Desse modo, o jeito de falar na mesa do bar não será o mesmo usado para interagir em uma reunião empresarial. Igualmente, a fala em tom professoral pode até caber na sala de aula, mas fica desagradável ou impertinente em um bate-papo descontraído fora do ambiente escolar.

As observações que temos feito sobre as variedades linguísticas nos conduzem à questão do certo e do errado no uso da língua, assunto do qual vamos nos ocupar a seguir.

seispontotrês
Certo e errado na fala e na norma-padrão

A questão do certo e do errado na fala, em uma perspectiva sociolinguística da variação, precisa ser qualificada ou contextualizada.

Não é objetivo da sociolinguística determinar, estabelecer ou prescrever o certo e o errado em termos de língua nem realizar julgamentos morais ou valorações sobre o uso da língua feito por diferentes segmentos, grupos e camadas da sociedade.

Os estudos linguísticos, incluindo a abordagem da sociolinguística variacionista, estão mais voltados para a identificação, a descrição, a compreensão e as implicações dos variados usos da língua. Esses estudos partem do reconhecimento da não uniformidade da língua em função de diversos fatores. Nesse sentido, podemos identificar na norma-padrão ou língua culta um modelo ou ideal de língua que é prestigiado e preservado em razão de aspectos quase sempre não linguísticos, relacionados a dimensões culturais, políticas e sociais.

A despeito da língua ideal, do padrão culto ou do idioma oficial convencionalmente estabelecido, ocorrem as variedades concretas da língua.

O linguista e professor Marcos Bagno compara a língua-padrão apresentada pela gramática normativa ao molde de um vestido. O molde não pode ser tomado ou compreendido como sendo o próprio vestido. Embora o molde contenha as peças sobre as quais o tecido será cortado, precisamos consentir com o fato de que nem mesmo o molde é feito de tecido. Essa alusão ao molde ilustra a diferença entre o ideal (as normas da língua) e o real (o uso concreto da língua pelos falantes) (Bagno 2005, p. 19; Saldanha, 2013, p. 252).

Para os estudos linguísticos, a variação verificada na fala não é um problema; é simplesmente uma característica do fenômeno linguístico que deve ser "ouvida, recolhida, registrada, comparada, analisada pela Sociolinguística, por exemplo" (Saldanha, 2013, p. 249).

Assim, de acordo com a perspectiva sociolinguística, não procede a preocupação com o estabelecimento do certo e do errado, pois "a clássica noção de erro linguístico parte do princípio de que a língua não é variável, mas sim um sistema a ser respeitado no seu aspecto estrutural e formal sem nenhuma interferência de outra ordem" (Saldanha, 2013, p. 249).

Marcuschi (1993, citado por Saldanha, 2013, p. 250) ressalta que imaginar a fala como o lugar do erro, tal qual muitos gramáticos tradicionais fazem, é cair "no equívoco de confundir a língua com a gramática codificada".

A esta altura, talvez você esteja se perguntando: "Se não existe certo e errado, então não precisamos corrigir o aluno nas aulas de Língua Portuguesa?".

Vamos adiantar que a escola deve levar o aluno a aprender e dominar a língua-padrão, aquela que temos denominado de *língua culta* e identificada com determinado ideal. No processo ensino-aprendizagem da língua-padrão, o professor deve ajudar o aluno a falar e escrever de modo adequado. Se for necessário ajudar o aluno na correção ou no reparo de alguma construção linguística que esteja em desacordo com a norma-padrão, o professor deverá fazê-lo. Isso, no entanto, não significa estabelecer em sala de aula valor absoluto para a língua culta, eliminando ou negligenciando as variedades linguísticas.

Os PCN, já na década de 1990, alertavam que há alguns mitos em relação à língua portuguesa dos quais a escola precisa se livrar. Que mitos seriam esses? É preciso se livrar do mito de que

> *existe uma forma "correta" de falar, o de que a fala de uma região é melhor da que a de outras, o de que a fala "correta" é a que se aproxima da língua escrita, o de que o brasileiro fala*

mal o português, o de que o português é uma língua difícil, o de que é preciso "consertar" a fala do aluno para evitar que ele escreva errado. (Brasil, 1998, p. 31)

Precisamos reconhecer que a língua é falada conforme as diferentes situações discursivas, os distintos objetivos ou intenções do falante, em um movimento de variação que se caracteriza pela adequação da própria língua.

Desse modo, a fala se realiza com base em "estratégias e mecanismos que procuram ajustar, regular e adequar seus conteúdos aos modos de interação, a fim de que eles cumpram bem sua função, seu propósito". Por isso, trabalhar com a noção de "erro" é uma abordagem reducionista da língua, desconsiderando sua natureza e seu uso (Saldanha, 2013, p. 250).

Para além da lógica do certo e do errado, é preciso enxergar a lógica dos diversos usos que se fazem da língua, sem deixar de lado a tarefa da escola de contribuir para que o aluno aprenda e domine a língua de maior prestígio social.

Indicações culturais

Assista ao vídeo *Norma culta e variedade linguística*, que aborda a relação entre norma culta e língua coloquial, além de apresentar uma entrevista com o professor José Luiz Fiorin.

NORMA culta e variedade linguística. Univesp TV, 22 nov. 2011. Disponível em: <https://www.youtube.com/watch?v=pWvuF0U9zv4>. Acesso em: 8 set. 2015.

O posicionamento contrário ao que acabamos de expor pode favorecer práticas que têm sido denominadas de *preconceito linguístico*, assunto de nosso último tópico.

seispontoquatro
Preconceito linguístico

Esse tipo de preconceito pode ser entendido como uma atitude que valoriza a norma-padrão, ou o falar socialmente prestigiado, e discrimina variedades linguísticas identificadas com falantes oriundos de segmentos sociais desprestigiados ou regiões geográficas consideradas pouco desenvolvidas cultural e economicamente.

O preconceito linguístico fundamenta-se na expectativa de uso da língua que caracteriza a classe social ou os falantes de maior prestígio em relação aos usos das demais classes ou falantes. O uso da língua característico das classes de maior prestígio, que se autodefinem como usuárias do melhor português, representaria a "norma subjetiva", também denominada por Castilho (2002) de "norma implícita" ou "padrão ideal".

Assim, o padrão é estabelecido na língua não em função do falar da maioria dos brasileiros nas situações cotidianas de interação e comunicação; antes o padrão culto é definido historicamente a partir do uso linguístico associado à academia, à chamada *alta literatura* ou ao cânone literário, aos segmentos sociais mais letrados, escolarizados e privilegiados cultural e economicamente. Também devemos notar que uma das manifestações do preconceito linguístico está vinculada ao lugar que ocupam na sociedade as comunidades linguísticas geograficamente localizadas nas áreas rurais ou afastadas dos grandes centros de influência econômico-cultural.

Travaglia (2003, p. 64) aborda esse preconceito com base na atitude da própria escola, como reprodutora de valores e de práticas da sociedade, em relação à norma culta e às variedades linguísticas de regiões menos prestigiadas.

O autor argumenta que a exigência do aprendizado da norma culta para utilização em situações de comunicação social no contexto urbano é considerada natural, ao passo que a exigência do aprendizado do "dialeto caipira para falar com o pessoal da zona rural de determinadas regiões do país (sobretudo sul de Minas Gerais e parte de São Paulo)" provocaria estranhamentos (Travaglia, 2003, p. 64). Tal fato se daria porque "os falantes da norma culta 'exigem' que o caipira aprenda seu modo de falar para circular entre eles, mas o contrário não acontece: os caipiras não 'exigem' que os falantes da norma urbana culta aprendam seu dialeto pra circular entre eles" (Travaglia, 2003, p. 64). Desse modo, imaginar que alguém venha a "aprender dialeto caipira será sempre uma 'concessão' dos membros do outro grupo social, por interesse científico, ou porque isso pode ser interessante, cômico, exótico etc." (Travaglia, 2003, p. 64).

Embora seja fácil constatar o desprestígio social da língua falada pelas camadas mais populares ou pelos habitantes de regiões mais afastadas dos grandes centros, é interessante destacarmos que alguns poetas fizeram menção a esse registro mais informal e popular da língua de forma apreciativa. É o caso de Manuel Bandeira, ao cantar a "língua errada do povo" como "a língua certa do povo/Porque ele é que fala gostoso o português do Brasil" (Bandeira, 1970), e de Oswald de Andrade, em poemas como "Pronominais" e "Vício na fala", nos quais exalta ou valoriza o uso popular da língua, como no verso "me dá um cigarro" ou nas expressões "mio", "mió", "pió" e "teiado" (Andrade, 1971).

Nesses casos, a poesia se antecipa aos estudos sociolinguísticos quando resgata o lugar dos falares populares na experiência de comunicação do brasileiro, apresentando a subversão da norma gramatical ou linguística no seio da língua literária.

Assim, se há diversos falares ou formas de se expressar e interagir, podemos reconhecer a legitimidade deles e resistir à tentação de os rotular como feios, inferiores ou errados.

Devemos observar, por fim, que é preciso admitir, com o professor José Fiorin (em entrevista para a Univesp TV), que ridicularizar a língua falada por uma pessoa é atacar a identidade desse falante. Por isso, o educador deve cultivar e ensinar a língua culta sem desprestigiar ou negar as demais variedades e manifestações linguísticas.

> ## Indicações culturais
>
> Um importante pesquisador sobre o tema do preconceito linguístico é o professor Marcos Bagno. Em seu livro *A língua de Eulália: uma novela sociolinguística* você encontra um interessante tratamento desse tema na forma de narrativa.
>
> BAGNO, M. A língua de Eulália: novela sociolinguística. São Paulo: Contexto, 1997.

Síntese

Ao abordarmos os usos da língua com base nos estudos sociolinguísticos, vimos que a fala está sujeita a variações que ocorrem em função de diferentes fatores, como a região ou o espaço geográfico da comunidade linguística, as diversas camadas e os grupos sociais dos falantes e os distintos estilos e registros que caracterizam os vários níveis de linguagem.

Destacamos que os conceitos de norma-padrão, de língua culta, de certo e de errado no uso da língua estão associados a perspectivas idealizadoras da linguagem, correspondendo a visões reducionistas por não levarem em conta a legitimidade das variedades linguísticas.

Finalmente, vimos que o preconceito linguístico corresponde a uma exclusão social, pois implica a discriminação de diversos falares ou usos da língua com base em sua vinculação a camadas ou segmentos sociais desprestigiados, levando à discriminação e ridicularização de seus falantes.

Atividades de autoavaliação

1. Dizer que uma língua pode apresentar variedades implica afirmar que:
   a. em países que adotam uma língua oficial, como o português no Brasil, verifica-se uniformidade no uso da língua em todo o território nacional.
   b. é possível a uma língua sofrer variações em função das diferenças de idade, classe social e ocupação profissional de seus falantes.

c. a língua escrita é sempre idêntica à língua falada.
d. todo falante de determinada língua usa, invariavelmente, essa língua de forma padronizada.

2.
> No Rio de Janeiro, chama a atenção o "chiado" característico da população ao pronunciar o "s" em determinadas posições na palavra, como em "misto" ou "mais" (com som de x). Por outro lado, é próprio do falar nordestino a abertura das vogais "e" e "o" antes da sílaba tônica, em palavras como "receita" e "morena". Em São Paulo, o uso da palavra "guia" corresponde ao uso de "meio-fio" no Rio de Janeiro.

FONTE: Rosário, 2013, p. 42.

O texto acima apresenta preponderantemente exemplos de:
a. variação diatópica.
b. variação diafásica.
c. variação diastrática.
d. uniformidade da língua portuguesa.

3. A variação diafásica corresponde:
a. a variedades regionais ou geográficas de uso da língua.
b. aos diferentes usos da língua levando-se em conta o grau de escolaridade da população.
c. aos jargões profissionais, como o "economês" e o "juridiquês".
d. a diferentes níveis e estilos de uso da língua no mesmo grupo ou comunidade linguística.

4. Considerando-se a comparação entre a língua-padrão e o molde de um vestido, é possível afirmar que:
a. o molde ilustra a diferença entre o ideal (as normas da língua) e o real (o uso concreto da língua pelos falantes).
b. o molde deve ser compreendido como sendo o próprio vestido, assim como a língua-padrão corresponde à língua real e concreta.
c. a língua ideal e a língua real se equivalem.
d. a língua apresentada pela gramática normativa não corresponde ao molde, mas equivale à língua real.

5. Substituir o /l/ pelo /r/ na fala, resultando em palavras como "framengo" e "praca", é fenômeno denominado rotacismo. Essa troca dos sons de uma palavra por parte de falantes adultos, geralmente, é percebida como:
a. uma substituição prescrita pela gramática normativa.
b. uma característica da norma culta da língua.
c. um recurso para tornar a língua mais simples.
d. um uso da língua associado à baixa escolaridade ou a um nível social inferior.

Atividades de aprendizagem

Questão para reflexão

Assista ao vídeo *Comunicação oral e as variantes linguísticas*, com o professor Cláudio Bazzoni, e reflita sobre as considerações dele sobre as atitudes que o educador deve ter em relação ao aluno que fala outra variedade que não a norma culta.

COMUNICAÇÃO oral e as variantes linguísticas. Nova Escola, 12 mar. 2010. Disponível em: <https://www.youtube.com/watch?v=em2EXTcSyAY>. Acesso em: 8 set. 2015.

Atividade aplicada: prática

Há vários *sites* na internet que trazem exercícios ou atividades sobre variação linguística. A seguir, sugerimos alguns *links* para você avaliar as possibilidades e a pertinência de se trabalharem as questões propostas, sobre a fala e suas variedades, com alunos do ensino fundamental ou do ensino médio.

- Exercícios sobre variação linguística, do portal Brasil Escola: <http://exercicios.brasilescola.com/exercicios-gramatica/exercicios-sobre-variacoes-linguisticas.htm>.
- Atividades do portal Mundo Educação: <http://exercicios.mundoeducacao.com/exercicios-gramatica/exercicios-sobre-variacoes-linguisticas.htm>.
- Plano de aula do Portal do Professor, do Ministério da Educação (MEC): <http://portaldoprofessor.mec.gov.br/fichaTecnicaAula.html?aula=11706>.
- Exercícios da página sobre educação do portal Globo.com: <http://educacao.globo.com/portugues/assunto/usos-da-lingua/variacao-linguistica.html>.

{

considerações finais

⁌ CONCLUINDO NOSSA JORNADA pelos estudos da oralidade e da fala, queremos retomar um dos questionamentos propostos no início deste livro para reafirmar que o ser humano pode, sim, ser definido como um "ser que fala".

Se a humanidade está intrinsecamente ligada à linguagem verbal, que tomou forma inicialmente pela palavra oral, podemos olhar a história da civilização humana com base nas interações e nas práticas sociais mediadas pela língua oral.

Sem desconhecermos a importância da escrita e do letramento no desenvolvimento do pensamento humano e das diversas dimensões socioculturais, elegemos aqui a língua oral como nosso objeto de estudo e apreço. Reconhecemos que ela precede a invenção da escrita e a formação das sociedades letradas. Mais do que isso, procuramos demonstrar que a oralidade e a fala viabilizaram a construção e a transmissão de saberes, crenças, valores, bens culturais e práticas sociais em um mundo em que não se dispunha da escrita ou da tecnologia para registrar e preservar a história.

Mesmo quando você se põe a olhar para as complexas teias de comunicação do mundo moderno e se maravilha com a inovação tecnológica no tratamento da informação em nosso tempo, não deve ignorar que a língua oral permanece como prática social fundamental nas interações e nas situações de comunicação na era digital.

A chamada *oralidade primária* definiu as culturas orais ou as sociedades em que a escrita inexiste, mas a palavra oral ou a oralidade como expressão de uma prática social não deixou de estar presente nas culturas letradas, ainda que muitas vezes desprestigiada.

Na verdade, a cultura letrada não eliminou a oralidade, a palavra escrita não emudeceu a palavra oral, e a cultura digital não "deletou" a fala.

Se hoje podemos falar ou dar comandos de voz a uma *Smart TV* para desempenhar determinadas funções, se conseguimos enviar um recado em áudio para diversas pessoas usando um aplicativo como o WhatsApp ou se temos como mixar a palavra oral, a escrita, os sons, a imagem e outras mídias no hipertexto digital, é porque a fala permanece como uma das formas de expressão e interação.

Certamente você não imagina um comércio popular ou uma feira livre sem os ruídos dos vendedores e daqueles que circulam nesses espaços; também não deve pensar em uma sala de aula como um lugar silencioso, sem a voz do professor e a dos alunos;

tampouco você visualiza um tribunal do júri ou cenas de julgamento comuns em alguns filmes sem os discursos dos advogados e de outros atores do meio jurídico.

Quem dispensa um bom papo, uma boa conversa? Quem consegue se calar diante de um acontecimento empolgante? Quem imagina uma festa animada sem o turbilhão de vozes? Quem não dá enorme importância ao que vai dizer em uma entrevista de emprego?

Ainda somos um "ser que fala", mesmo tendo assumido, ao longo da história, múltiplas e diversas formas de estar no mundo.

O que falamos e como falamos pode conduzir ao diálogo, ajudar em uma negociação, promover conciliação, facilitar a cooperação, provocar reflexões, divertir plateias, sensibilizar pessoas... A lista pode ser extensa, do mesmo modo que seria longa a enumeração dos resultados contraproducentes ou que não contribuem para o diálogo, a pluralidade, o respeito, os valores que devem ser cultivados em uma sociedade democrática e aberta.

Se você está disposto a considerar todas essas observações, queremos lembrá-lo de que um educador ou professor que trabalha com ensino-aprendizado de língua precisa estar convencido da necessidade de trazer para a sala de aula a reflexão sobre a oralidade e integrar a fala aos estudos e às práticas da linguagem.

E isso não pode se justificar em termos de adesão a um modismo teórico nem se limitar à aprovação resignada de alguma proposta curricular. Mais do que acatar orientações ou mesmo imposições curriculares, é preciso assumir a língua como objeto de estudo em sua integridade e desenvolver práticas pedagógicas que possam remeter ao uso da língua oral como prática social.

De certo modo, foi isso o que perseguimos neste livro, procurando situar a fala no contexto das práticas sociais e dos estudos sobre a oralidade, destacando seu papel relevante na história, na produção do conhecimento, nas atividades culturais, enfim, nas situações de comunicação e de interação social.

Procuramos evidenciar as possibilidades de expressão e de interação por meio da fala, apresentando o modo de viver, de pensar e de fazer cultura nas sociedades orais. Oferecemos explicações sobre as principais características do texto falado, mostrando suas marcas linguísticas e extralinguísticas. Consideramos as relações entre a fala e a escrita, entre a oralidade e a escola, entre o discurso do professor e o do aluno, levantando questões e desafios com os quais precisamos lidar.

Tratamos das variações linguísticas, das diferentes linguagens e falas, dos falares que ouvimos por aí, dos variados estilos ou níveis que a língua oral pode assumir. Apontamos dificuldades, tensões e possibilidades no enfrentamento do preconceito linguístico e na tarefa de promover o aprendizado da língua culta, da norma-padrão, sem deslegitimar e ignorar as variedades linguísticas dos alunos.

Agora, finalizando a leitura deste livro, depois de algumas consultas a textos, *sites* ou vídeos recomendados e após reflexões que (esperamos) você tenha feito, vale a pena integrar essa experiência de aprendizado sobre a fala a sua vivência e a sua trajetória como estudante ou educador. Nesse sentido, o convite é para abrir um diálogo crítico entre este livro e as diversas vozes ou discursos que você tem ouvido ao longo de sua formação.

Por último, precisamos lembrá-lo de um antigo provérbio que diz: "A palavra é de prata, o silêncio é de ouro". Trazemos à memória esse dito da sabedoria antiga não para estabelecermos uma escala de valor entre o falar e o calar. Na verdade, nossa intenção é sugerir que, se somos um "ser que fala", em função de determinação biológica, o saber falar e o saber ouvir no momento apropriado e do modo adequado se dá pelo aprendizado. Eis aí um ótimo desafio para todos nós.

{

bibliografia comentada

CASTILHO, A. de. A língua falada no ensino do português. 6. ed. São Paulo: Contexto, 2004.

Nessa obra, o professor Ataliba de Castilho (USP/Unicamp) apresenta uma análise da conversação e suas possibilidades de aplicação no ensino fundamental e no ensino médio. O livro destaca-se pelo tratamento didático, tendo sido escrito em forma de aula, e pelas diversas dicas de leitura. Além disso, há considerações importantes sobre a inclusão do estudo da fala nas aulas de português.

FERREIRA, A. F. I. et al. (Org.) Oralidade no ensino: sugestão de atividades. Belo Horizonte: Fale/UFMG, 2004.

Essa coletânea de textos e atividades sobre a língua oral apresenta temas como a variação dialetal, o preconceito linguístico e as marcas da coloquialidade em telejornais, músicas e documentários. Várias atividades são propostas para se trabalhar a oralidade na escola, com boa descrição e roteiro.

MARCUSCHI, L. A. Da fala para a escrita: atividades de retextualização. São Paulo: Cortez, 2004.

Pioneiro na pesquisa sobre oralidade e fala no Brasil, o professor Luiz Marcuschi (Universidade Federal de Pernambuco) desenvolve nesse livro uma abordagem histórica e conceitual da oralidade e do letramento, trabalhando as relações entre fala e escrita. Ao tratar da retextualização, o livro apresenta aspectos importantes da adaptação ou passagem do texto oral para o texto escrito.

ONG, W. J. Oralidade e cultura escrita: a tecnologização da palavra. São Paulo: Papirus, 1998.

O professor e padre jesuíta norte-americano Walter Ong apresenta nesse livro uma investigação sobre a relação entre a cultura oral e a cultura letrada, abordando aspectos cognitivos e comunicacionais da oralidade no contexto dos estudos sobre as duas modalidades linguísticas. Entre os assuntos tratados, vale a pena destacar a análise sobre a invenção da escrita e do alfabeto nos processos cognitivos e nas estruturas sociais.

PRETI, D. (Org.). Estudos de língua falada: variações e confrontos. São Paulo: Humanitas, 1998.

O livro, organizado pelo professor e pesquisador Dino Preti, contém nove ensaios que enfocam o tema da variação linguística na fala, abordando os diversos gêneros orais e estabelecendo relações com a escrita. Em um desses ensaios, o professor Luiz A. Marcuschi trabalha os processos de cognição da língua falada.

SCHENEUWLY, B.; DOLZ, J. Gêneros orais e escritos na escola. São Paulo: Mercado de Letras, 2004.

Além de abordar questões conceituais sobre gênero textual, o livro traz importantes orientações e referenciais teóricos para se trabalhar com gêneros orais na sala de aula.

{

referências

ABREU, A. S. A arte de argumentar: gerenciando razão e emoção. 8. ed. Cotia: Ateliê Editorial, 2005.

ALKMIM, T. M. Sociolinguística. Parte I. In: MUSSALIM, F.; BENTES, A. C. (Org.). Introdução à linguística: domínios e fronteiras. São Paulo: Cortez, 2004. p. 21-47.

ANDRADE, M. L. da C. V. de O. Língua: modalidade oral/escrita. In: UNIVERSIDADE ESTADUAL PAULISTA. PRÓ-REITORIA DE GRADUAÇÃO. Caderno de formação: formação de professores didática geral. São Paulo: Cultura Acadêmica, 2011. p. 50-67. v. 11.

ANDRADE, O. de. Poesias reunidas. Rio de Janeiro: Civilização Brasileira, 1971.

AQUINO, Z. G. O. de Interação e conflito no discurso oral culto. Linha d'Água, São Paulo, n. especial, p. 11-23, jan. 2000.

ARENAS, A. B.; RIOS, M. Linguagem, unidade e diversidade. In: PAES, R. (Org.). Língua, uso e discurso: entremeios e fronteiras. Rio de Janeiro: Estácio, 2013. p. 53-68.

BAGNO, M. Preconceito linguístico: o que é, como se faz. 38. ed. São Paulo: Loyola, 2005.

BANDEIRA, M. Evocação do Recife. In: Estrela da vida inteira. Rio de Janeiro: José Olympio, 1970.

BARROS, J. B. de; ROSA, A. L. T. da. A produção textual na escola: abordagens do gênero debate em estudo. In: SIMPÓSIO INTERNACIONAL DE ENSINO DE LÍNGUA PORTUGUESA, 2., 2012, Uberlândia. Anais... Uberlândia: Edufu, 2012. v. 2, n. 1.

BENTES, A. C. Linguagem oral no espaço escolar: rediscutindo o lugar das práticas e dos gêneros orais na escola. In: ROJO, R.; RANGEL, E. (Org.). Explorando o ensino: Língua Portuguesa. Brasília: Ministério da Educação, 2010a. p. 15-35. v. 1.

BENTES, A. C. Oralidade, política e direitos humanos: por uma aula de língua portuguesa comprometida com o diálogo e com a construção da cidadania. In: ELIAS, V. M. (Org.). Oralidade, leitura e escrita no ensino de Língua Portuguesa. São Paulo: Contexto, 2010b. p. 20-35.

BRASIL. Ministério da Educação e do Desporto. Secretaria de Educação Fundamental. Parâmetros Curriculares Nacionais: terceiro e quarto ciclos do ensino fundamental: Língua Portuguesa. Brasília, 1998.

Câmara Júnior, J. M. Manual de expressão oral e escrita. 14. ed. Petrópolis: Vozes, 1997.

CANÇADO, M. Manual de semântica: noções básicas e exercícios. Belo Horizonte: Ed. da UFMG, 2005.

CARVALHO, M. L. G. C. A linguagem na pesquisa sociocultural: oralidade e escrita em redações de vestibular. In: MOURA, D. (Org.). Os desafios da língua: pesquisas em língua falada e escrita. Maceió: Edufal, 2008. p. 155-159.

CASTILHO, A. T. de. A língua falada no ensino de português. 6. ed. São Paulo: Contexto, 2004.

CASTILHO, A. T. de. Estudos de língua falada: uma entrevista com Ataliba Teixeira de Castilho. ReVEL, v. 3, n. 4, mar. 2005a.

CASTILHO, A. T. de. Refletindo sobre a língua portuguesa. Museu da Língua Portuguesa, 2005b. Disponível em: <http://www.museudalingua portuguesa.org.br/files/mlp/texto_15.pdf>. Acesso em: 8 set. 2015.

CASTILHO, A. T. de. Seria a língua falada mais pobre que a língua escrita? Impulso, São Paulo, v. 12, n. 27, p. 85-104, 2000.

CASTILHO, A. T. de. Variação dialetal e ensino institucionalizado da língua portuguesa. In: BAGNO, M. Linguística da norma. São Paulo: Edições Loyola, 2002. p. 27-36.

CHAFE, W.; DANIELEWICZ, J. Properties of Speaking And Written Language. In: HOROWITZ, R.; SAMUELS, S. J. (Ed.). Comprehending Oral and Written Language. New York: Academic Press, 1987. p. 83-113.

COSTA VAL, M. G. Programa piloto de inovação curricular e capacitação de professores do ensino médio: módulo II. Belo Horizonte: SEE; Fundep, 1997.

FARACO, C. E.; MOURA, F. M. Português: projetos. Volume único. São Paulo: Ática, 2009.

FARIAS, L. F. P. de. Os gêneros orais: uma alternativa sócio-interacionista para o ensino da língua materna. 110 f. Dissertação (Mestrado em Linguística) – Universidade Federal da Paraíba, João Pessoa, 2009.

FÁVERO, L. L.; ANDRADE, M. L. C. V. O.; AQUINO, Z. G. O. Oralidade e escrita: perspectivas para o ensino de língua materna. 5. ed. São Paulo: Cortez, 2005.

GADOTTI, M. Comunicação docente. 3. ed. São Paulo: Edições Loyola, 1985.

GALVÃO, A. M. de O.; BATISTA, A. A. G. Oralidade e escrita: uma revisão. Cadernos de Pesquisa, São Paulo, v. 36, n. 128, p. 403-432, maio/ago. 2006.

GERALDI, J. W. Culturas orais em sociedades letradas. Educação & Sociedade, ano XXI, n. 73, dez. 2000.

GERALDI, J. W. Linguagem e ensino: exercício de militância e divulgação. Campinas: Mercado de Letras, 2002.

GERALDI, J. W. O texto na sala de aula. Cascavel: Assoeste, 1984.

GESTOS ancestrais e a origem da linguagem. Scientific American Brasil, 4 maio 2007. Disponível em: <http://www2.uol.com.br/sciam/noticias/gestos_ancestrais_e_a_origem_da_linguagem.html>. Acesso em: 8 set. 2015.

GOULART, C. A exposição oral em seminário: um gênero escolar muito utilizado, mas pouco sistematizado. In: SIMPÓSIO INTERNACIONAL DE LETRAS E LINGUISTICA, 11., 2006, Uberlândia. Anais... Uberlândia: Edufu, 2006. Disponível em:<http://www.filologia.org.br/ileel/artigos/artigo_307.pdf>. Acesso em: 8 set. 2015.

HEINE, L. M. B. Aspectos da língua falada. Revista (Con)textos Linguísticos, Vitória, v. 6, n. 7, p. 196-216, 2012.

HILGERT, J. G. A construção do texto falado por escrito: a conversação na internet. In: PRETI, D. (Org.). Fala e escrita em questão. São Paulo: Humanitas, 2000. p. 17-55.

KERCKHOVE, D. de. A pele da cultura. Lisboa: Relógio D'Água, 1997.

KOCH, I. G. V.; SILVA, M. C. P. S. e. Atividades de composição do texto falado: a elocução formal. In: CASTILHO, A. T.; BASÍLIO, M. (Org.). Gramática do português falado: novos estudos descritivos. 2. ed. rev. Campinas: Ed. da Unicamp, 2002. p. 371-404 (Série Pesquisas, v. 4).

LANIER, J.; BIOCCA, F. An Insider's View of the Future of Virtual Reality. Journal of Communication, v. 42, n.4, p. 150-172, 1992. Disponível em: <http://www.mindlab.org/images/d/DOC812.pdf>. Acesso em: 8 set. 2015.

LÉVY, P. As tecnologias da inteligência: o futuro do pensamento na era da informática. Tradução de Carlos Irineu da Costa. Rio de Janeiro: Ed. 34, 1993. (Coleção Trans).

MARCUSCHI, L. A. Análise da conversação. São Paulo: Ática, 1986. (Série Princípios).

MARCUSCHI, L. A. Oralidade e escrita. Signótica, Goiás, v. 9, n. 1, jan./dez. 1997. Disponível em: <https://www.revistas.ufg.br/index.php?journal=sig&page=article&op=view&path%5B%5D=7396> . Acesso em: 8 set. 2015.

MARCUSCHI, L. A.; DIONÍSIO, A. P. (Org.). Fala e escrita. Belo Horizonte: Autêntica, 2005.

MARCUSCHI, L. A.; KOCH, I. V. Estratégias de referenciação e progressão referencial na língua falada. In: ABAURRE, M. B. M.; RODRIGUES, A. C. S. (Org.). Gramática do português falado: novos estudos descritivos. Campinas: Ed. da Unicamp, 2002. (Série Pesquisas, v. 8).

MARQUES, A. C. M.; MESQUITA, E. M. de C. Os gêneros orais no ensino médio: a visão dos livros didáticos de língua portuguesa. Horizonte Científico, v. 5, n. 2, dez. 2011. Disponível em: <http://www.seer.ufu.br/index.php/horizontecientifico/article/view/13490/7827>. Acesso em: 8 set. 2015.

MCCLEARY, L.; VIOTTI, E. Semântica e pragmática. Florianópolis: Ed. da UFSC, 2009.

MELO, G. C. de. A origem da linguagem. In: CONGRESSO NACIONAL DE LÍNGUA E FILOLOGIA - CNFL, 3., Rio de Janeiro. Cadernos do CNLF, Rio de Janeiro: CiFEFil, 1999. v.3. Disponível em: <http://www.filologia.org.br/viicnlf/anais/caderno05-02.html>. Acesso em: 11 dez. 2014.

MOISÉS, M. Dicionário de termos literários. 14 ed. São Paulo: Cultrix, 1999.

ORLANDI, E. P. A linguagem e seu funcionamento: as formas do discurso. 6. ed. Campinas: Pontes Editores, 2011.

PALOMO, S. M. S. Linguagem e linguagens. Eccos Revista Científica, São Paulo, v. 3, n. 2, p. 9-15, dez. 2001.

PRETI, D. Sociolinguística: os níveis de fala – Um estudo sociolinguístico do diálogo na literatura brasileira. 9. ed. São Paulo: Ed. da USP, 2003.

RAMAL, A. C. A hipertextualidade como ambiente de construção de novas identidades docentes. In: ALVES, L.; NOVA, C. (Org.). Educação e tecnologia: trilhando caminhos. Salvador: Ed. da Uneb, 2003. p. 247-263.

RODRIGUES, M. das G. S. Marcas da fala na produção textual escrita de 1º, 2º e 3º graus. In: MOURA, D. (Org.). Os múltiplos usos da língua. Maceió: Edufal, 1999. p. 533-537.

ROSÁRIO, I. da C. Língua e variação linguística. In: PAES, R. (Org.). Língua, uso e discurso: entremeios e fronteiras. Rio de Janeiro: Estácio, 2013. p. 35-51.

SALDANHA, L. C. D. A linguagem nossa de cada dia. In: TERRA, C. M. A.; SALDANHA, L. C. D.; DUMBRA, S. Língua, educação e pedagogia. Ribeirão Preto: SED/COC, 2010. p. 161-348.

SALDANHA, L. C. D. Literatura e semiformação no ciberespaço. Texto Digital, Florianópolis, v. 2, n. 2, dez. 2006. Disponível em: <http://www.textodigital.ufsc.br/em um03/luisclaudio.htm>. Acesso em: 8 set. 2015.

SALDANHA, L. C. D. Noção de erro e variação linguística. In: WAGNER, D.; SALDANHA, L. C. D. Línguas: módulo 1. Ribeirão Preto: UniSEB Interativo, 2013. p. 243-266.

SANTOS, L. W. dos. Oralidade e escrita nos PCN de Língua Portuguesa. In: SEMANA NACIONAL DE ESTUDOS FILOLÓGICOS E LINGUÍSTICOS – SENEFIL, 8., 2005, Rio de Janeiro. Anais... Rio de Janeiro: CiFEFiL, 2005. Disponível em: <http://www.filologia.org.br/viiisenefil/08.html>. Acesso em: 8 set. 2015.

SCHNEUWLY, B.; DOLZ, J. Gêneros orais e escritos na escola. São Paulo: Mercado de Letras, 2004.

SHEPHERD, T.; SALIÉS, T. O princípio: entrevista com David Crystal. In: SHEPHERD, T.; SALIÉS, T. Linguística da internet. São Paulo: Contexto, 2013. p. 17-36.

SILVA, J. C. da. A linguagem. Plano de aula. Disponível em: <http://educacao.uol.com.br/planos-de-aula/medio/filosofia-a-linguagem.htm>. Acesso em: 8 set. 2015.

SILVA, J. C. da. Filosofia da linguagem (1): da Torre de Babel a Chomsky. 15 ago. 2007. Disponível em: <http://educacao.uol.com.br/disciplinas/filosofia/filosofia-da-linguagem-1-da-torre-de-babel-a-chomsky.htm>. Acesso em: 8 set. 2015.

SOUZA, J. F. de; MOTA, K. M. S. O silêncio é de ouro e a palavra é de prata? Considerações acerca do espaço da oralidade em educação de jovens e adultos. Revista Brasileira de Educação, Rio de Janeiro, v. 12, n. 36, p. 505-551, set./dez. 2007.

STEINBERG, M. Os elementos não verbais da conversação. São Paulo: Atual, 1988.

TRAVAGLIA, L. C. Gêneros orais: conceituação e caracterização. In: SIMPÓSIO NACIONAL E INTERNACIONAL DE LETRAS E LINGUISTÍCA – SILEL, 14., 2013, Uberlândia. Anais do Silel, Uberlândia: Edufu, 2013. v. 3, n. 1.

TRAVAGLIA, L. C. Gramática e interação: uma proposta para o ensino de gramática no 1º e 2º graus. 9 ed. São Paulo: Cortez, 2003.

TRAVAGLIA, L. C. Tipologia textual e a coesão/coerência no texto oral: transições tipológicas. In: ABAURRE, M. B. M.; RODRIGUES, A. C. S. (Org.). Gramática do português falado: estudos descritivos. 2. ed. rev. Campinas: Ed. da Unicamp, 2002. p. 445-464. (Série Pesquisas, v. 4).

VASCONCELLOS, Z. M. C. Origem gestual ou vocal da linguagem. In: CONGRESSO NACIONAL DE LINGUÍSTICA E FILOLOGIA – CNFL, 15., Rio de Janeiro. Cadernos do CNLF. Rio de Janeiro: CiFEFiL, 2011. p. 2296-2304. v. XV.

VERLI, L.; RATIER, R. Oralidade: a fala que se ensina. Nova Escola, n. 215, set. 2008. Disponível em: <http://revistaescola.abril.com.br/lingua-portuguesa/pratica-pedagogica/fala-se-ensina-423559.shtml>. Acesso em: 2 jan. 2015.

respostas

um

Atividades de autoavaliação

1. a
2. b
3. a
4. d
5. d

Atividades de aprendizagem

Questão para reflexão

A resposta deve incluir uma avaliação pessoal sobre a atividade ou o plano de aula analisados, informando as possibilidades de aplicação em sala de aula e sua contribuição para ajudar o aluno a perceber o valor e o uso da língua oral na cultura e na vida em sociedade.

Atividade aplicada: prática

Resposta pessoal, que deve ser elaborada com base no filme *O enigma de Kaspar Hauser* e no texto proposto na questão.

dois

Atividades de autoavaliação

1. c
2. a
3. a
4. b
5.- b

Atividades de aprendizagem

Questão para reflexão

Pode-se apontar atividades ou ações como decorar informações ou dados em voz alta (por exemplo, números de telefone ou endereços); musicar teoremas ou fórmulas matemáticas; criar ou recitar parlendas, entre outras práticas.

Atividade aplicada: prática

A resposta deve contemplar os aspectos apresentados na entrevista, destacando a tradição oral como fonte de conhecimento, transmissão de informação e de saber, além de recurso para preservar a memória cultural e social. As referências à literatura grega antiga e sua origem nas narrativas orais também devem ser destacadas e complementadas com as impressões pessoais sobre o filme *Troia*.

três

Atividades de autoavaliação

1. b
2. d
3. a

4. a

5. b

Atividades de aprendizagem

Questão para reflexão

Resposta pessoal. Esta atividade objetiva favorecer o exercício da escuta do texto oral, consistindo em uma observação da fala com base nas características apresentadas ao longo do terceiro capítulo.

Atividade aplicada: prática

A resposta deve refletir o trabalho de busca ou pesquisa na internet sobre línguas ou sociedades desprovidas de escrita. Espera-se que seja elaborada uma lista com o nome das línguas que não apresentam escrita, bem como os dados sobre sua comunidade e outros aspectos ou características julgados relevantes.

quatro

Atividades de autoavaliação

1. c
2. b
3. c
4. d
5. b
6. Resposta:

... – O uso de reticências representa pausa ou interrupção no fluxo da informação

PRÉ-iconográfico, MAIS, MUIto – O uso de maiúsculas representa ênfase na fala, uma entoação enfática.

? – Indica uma interrogação.

((vozes)) – Trata-se de descrição ou comentário sobre aspectos não verbais ou extralinguísticos ou sobre o contexto da conversa.

:: – O uso de quatro pontos representa alongamento da vogal ou da consoante que os antecede.

Atividades de aprendizagem
Questão para reflexão
Resposta pessoal. Espera-se que o resgate de experiências pessoais relacionadas a intervenções em situações de comunicação oral contribua para a avaliação da fala como prática social, tendo como parâmetro a busca do diálogo, da negociação, do consenso e da convivência.

Atividade aplicada: prática
Esta atividade deve ser desenvolvida levando-se em conta as orientações sobre gravação e transcrição de conversações apresentadas no Capítulo 4, bem como o quadro com a lista dos símbolos usados na transcrição de textos orais.

cinco
Atividades de autoavaliação
1. d
2. c
3. b
4. a
5. d

Atividades de aprendizagem
Questão para reflexão
Nesta atividade, é possível enumerar práticas como: convidar palestrantes para falar sobre determinado tema; exibir entrevistas ou debates televisivos; assistir a filmes que retratem situações típicas de audiências públicas, discussões profissionais ou debates políticos. No artigo "Linguagem oral no espaço escolar: rediscutindo o lugar das práticas e dos gêneros orais na escola", de Anna C. Bentes, você encontra descrições de algumas atividades

que podem ser desenvolvidas. O texto é encontrado nas páginas 129-154 do livro Língua Portuguesa (Coleção Explorando o Ensino), v. 19., disponível em: <http://portal.mec.gov.br/index.php?option=com_docman&view=download&alias=7840-2011-lingua-portuguesa-capa-pdf&category_slug=abril-2011-pdf&Itemid=30192>.

Atividade aplicada: prática
Resposta pessoal, que deve ser elaborada com base nas observações feitas em uma aula ou um diálogo entre professor e alunos, levando-se em conta as análises desenvolvidas no Capítulo 5.

seis
Atividades de autoavaliação
1. b
2. a
3. d
4. a
5. d

Atividades de aprendizagem
Questão para reflexão
Resposta pessoal, que deve apresentar uma análise coerente com o conteúdo do vídeo, destacando uma visão crítica sobre a opinião nele apresentada acerca do tratamento que a escola deve dar ao aluno que fala uma variedade linguística desprestigiada socialmente.

Atividade aplicada: prática
Nesta atividade prática, deve-se oferecer uma avaliação pessoal das atividades encontradas nos *sites* indicados, verificando se elas contribuem para a apreensão e a compreensão das variedades linguísticas na fala.

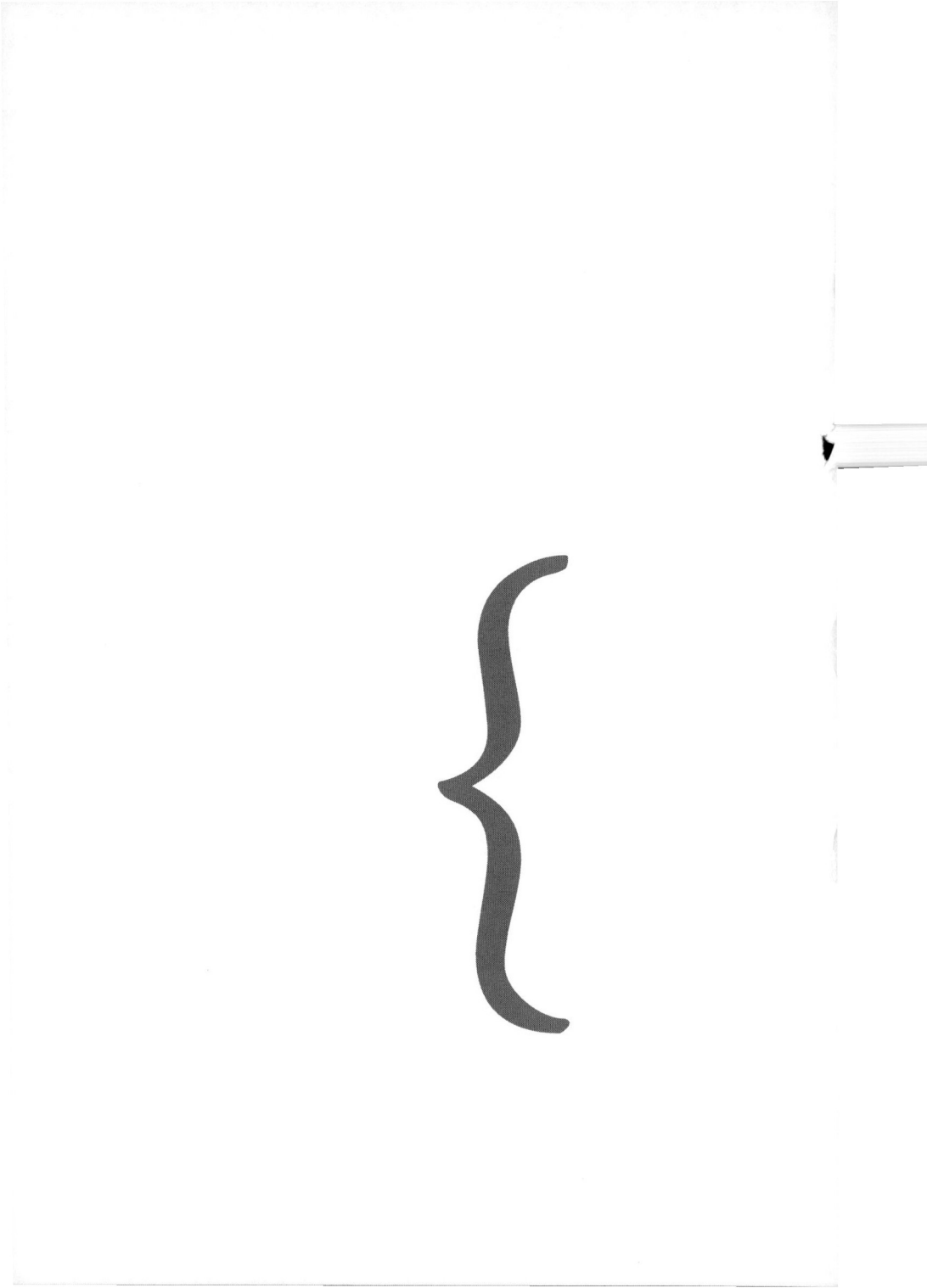

{

sobre o autor

☾ LUÍS CLÁUDIO DALLIER SALDANHA é graduado em Letras (1989) pela Univerdidade do Rio de Janeiro (UERJ), mestre em Letras (1995) pela Universidade de São Paulo (USP) e doutor em Educação (2001) pela Universidade Federal de São Carlos (UFSCar). Atualmente, é professor permanente do Programa de Pós-Graduação em Educação da Universidade Estácio de Sá (PPGE-UNESA). Tem desenvolvido pesquisa e publicado na área de estudos linguísticos e de educação e tecnologia, além de atuar como gestor no ensino superior em grupos educacionais como Estácio e YDUQS.

Impressão:
Agosto/2023